U0024242

# 錦上再添花

《綴白裘》崑腔折子戲的改編研究

黃婉儀・著

# 誌　謝

　　本書得以完成要感謝生我育我的父親黃自才先生、母親施壽美女士；誨我洽我的恩師曾明德先生、林文金先生、劉兆明先生、戴麗聰先生、許家琴先生、熊建勤先生、施淑先生、王文進先生、曹淑娟先生、高柏園先生、陳伯适先生、王安祈先生；護我翼我的公公傅金財先生、婆婆吳紹妹女士、姨母施壽英女士、堂姐黃麗枝女士、堂兄黃世鵬先生、堂嫂呂美玲女士；援我助我的義兄吳永鑫先生、小叔傅中華、小嬸倪慧雯、小姑傅淑娟、姑夫黃志煒、二妹黃楷焞、三妹黃巧媚、小妹黃映柔、妹夫陳建廷、張正雄、表弟施能達、甥女林思佳、林思萍、同學連美惠、王學玲、楊晉綺、許雅雲、社區好鄰居蔡如琦、張明麗、洪玉玲、凌禎嶸、劉麗香、王秀敏、林心怡、黃梅英、鄭宗銘、忘年好友許添貴先生、韓正雄先生、吳義忠先生、好友石海青先生、張福盛、莊婉玲、曾惠姿、鄒美芸、蔡岳禹、姜寶彩、鄭滿香、劉麗雲、林美津、戲友宋台英、李昱萱、朱秀凌、曾泳豪、長女傅觀、次女傅喻，以及最重要的，我的另一半——傅中其。

# 目 次

# 第一章　緒論

　　乾隆中期金閶（今蘇州）「寶仁堂」書坊主人錢德蒼編選的戲曲選集《綴白裘》收錄當時梨園最流行的折子，裒集內容繁夥；閱讀者涵蓋戲班演員藝人與賞戲觀眾；影響層面籠覆當代、擴延後世，是非常值得研究的戲曲資料。本書旨在考索《綴白裘》崑腔折子戲的改編手法，改編後的藝術效果，及其反映的戲曲審美趣尚。

　　這部戲曲選集的裒集歷程漫長，且初步成型之後又有其他書坊加以改輯、翻刻，所以本章第一節先說明錢編本《綴白裘》編輯、改輯、翻刻的過程。[1]掌握裒集歷程之後，本章第二節將討論其編輯體例及職能。第三節嘗試考訂《綴白裘》四百二十三折崑腔折子戲的出處。第四節說明本書的研究進路。

---

[1]　《綴白裘》編輯歷程，筆者參考的文章有吳新雷：〈《綴白裘》的來龍去脈〉，《南京大學學報》1983 年第三期，頁 36-43。林鋒雄：〈舶載書目所錄綴白裘全集釋義〉，《中國戲劇史論稿》（台北：國家出版社，1995 年 7 月），頁 79-133。吳敢：〈《綴白裘》敘考〉，《中國礦業大學學報社會科學版》創刊號（1999 年 10 月），頁 114-120。吳敢：〈《綴白裘》敘考〉（上），《徐州教育學院學報》第 15 卷第 4 期（2000 年 12 月），頁 44-48。吳敢：〈《綴白裘》敘考〉（續），《徐州教育學院學報》第 16 卷第 1 期（2001 年 3 月），頁 1-6。林鶴宜：〈清中葉暢銷書《綴白裘》地方戲的刊行、流傳和腔調衍變〉，《明清戲曲學辨疑》（台北：里仁書局，2004 年 2 月），頁 193-237。

# 第一節　《綴白裘》的裒集歷程

　　《綴白裘》書名的典故出自《慎子·知中》：「故廊廟之材，蓋非一木之枝也；粹白之裘，蓋非一狐之皮也。」[2]，引用這個典故題識書名，喻「積少成多，合眾美於一帙」之意。

　　錢德蒼這部戲曲選集的編輯始於清乾隆二十八年，第二年正式出版初編，題《時新雅調綴白裘新集初編》，標明「金閶寶仁堂梓行」，卷首有李克明的〈綴白裘新集序〉，分陽、春、白、雪四卷。乾隆三十年出版《時新雅調綴白裘新集二編》，李宸作序，分坐、花、醉、月四卷。乾隆三十一年出版《時新雅調綴白裘新集三編》，許仁緒作序，分妙、舞、清、歌四卷。乾隆三十二年出版《時新雅調綴白裘新集四編》，陸伯焜作序，分共、樂、昇、平四卷。此乃錢編本《綴白裘》裒集的第一階段。

　　乾隆三十五年錢德蒼在以上基礎重新改輯出版，是為第二階段。

　　第二階段，錢氏將第一階段的四編改輯，定為六編合刊出版，六編的書題俱改，卷首並加入程大衡〈綴白裘合集序〉。六編分別是：一《新訂時調崑腔綴白裘初編》，分風、調、雨、順四卷，保留原序。二《新訂時調崑腔綴白裘二編》，分海、晏、河、澄四卷，保留原序。三《新訂時調崑腔綴白裘三編》，分祥、麟、獻、瑞四卷，保留原序。四《新訂時調崑腔綴白裘四編》，分彩、鳳、和、鳴四卷，保留原序。五《新訂時調崑腔綴白裘五編》，分清、歌、妙、舞四卷，沈瀛作序。第六編收入較多地方戲曲，題《新訂時新

---

[2]　（清）錢熙祚校：《慎子》收於楊家駱主編《世界文庫四部刊要中國思想名著第七冊》（台北：世界書局，1956 年），頁 4。

文武雙班綴白裘六編》，分共、樂、昇、平四卷，葉宗寶作序，這是第二階段的情形，編輯工作的重點在於改輯。

乾隆三十六年進入第三階段，該年出版了《時新雅調崑腔綴白裘新集七編》、《時新雅調崑腔綴白裘新集八編》兩編。分別以民、安、物、阜以及五、穀、豐、登為卷名，朱祿建序七編，鏡心居士序八編。乾隆三十七年刊行《時新雅調崑腔綴白裘新集九編》、《時新雅調崑腔綴白裘新集十編》，九編以含、哺、擊、壤；十編以遍、地、歡、聲為卷名，時元亮序九編，朱鴻鈞序十編。第三階段的工作結束在乾隆三十八年，這一年，「寶仁堂」出了前述十編的合訂本。

第四階段[3]是乾隆三十九年，先出版地方戲專輯，題名《綴白裘梆子腔十一集外編》，分萬、方、同、慶四卷，許道承序。此編特別說明：「寶仁堂**增輯**」，顯然是因應花部劇作越來越受歡迎的劇壇實況所做的出版決策。該年，寶仁堂又增刊《綴白裘時尚崑腔補編十二集》，分千、古、常、春四卷，葵圃居士作序。

至此，十年十二編的裒集歷程畫下句點，此後十二編合刊行世。「寶仁堂」本現藏中國藝術研究院戲曲所、北京首都圖書館[4]。

---

[3]　錢德蒼刊刻編輯的歷程與分期主要參考吳新雷、吳敢兩位先生的研究成果，兩位先生將「寶仁堂」刊行《綴白裘》的歷程分為三個階段，第一、二階段與下表同，下表的第三、四階段兩位先生視為同一階段。但筆者認為乾隆三十八年出版十編合訂本之後，第三階段工作即告一段落，正如乾隆三十五年出版六編合刊本，第一階段即告結束，且第十一、十二乃是增輯、補編，故筆者將乾隆三十九年出版十一編與十二集獨立出來，另立為第四階段。

[4]　由「鴻文堂」翻刻出版，詳下文。北京首都圖書館索取號：（G）（丁）／853。中國藝術研究院戲曲所館藏資訊不明。

各階段各編的出版年、書名、卷名、作序者表列如下：

| 階段 | 出版年 | 書名 | 卷名 | 作序者 |
|---|---|---|---|---|
| 第一階段 | 乾隆二十九年 | 時新雅調綴白裘新集初編 | 陽春白雪 | 李克明 |
| | 乾隆三十年 | 時新雅調綴白裘新集二編 | 坐花醉月 | 李宸 |
| | 乾隆三十一年 | 時新雅調綴白裘新集三編 | 妙舞清歌 | 許仁緒 |
| | 乾隆三十二年 | 時新雅調綴白裘新集四編 | 共樂昇平 | 陸伯焜 |
| 乾隆三十五年重新改輯，合刊為六編出版，卷首加程大衡〈綴白裘合集序〉 | | | | |
| 第二階段 | 乾隆三十五年 | 新訂時調崑腔綴白裘初編 | 風調雨順 | 李克明原序 |
| | | 新訂時調崑腔綴白裘二編 | 海晏河澄 | 李宸原序 |
| | | 新訂時調崑腔綴白裘三編 | 祥麟獻瑞 | 許仁緒原序 |
| | | 新訂時調崑腔綴白裘四編 | 彩鳳和鳴 | 陸伯焜原序 |
| | | 新訂時調崑腔綴白裘五編 | 清歌妙舞 | 沈瀛 |
| | | 新訂時新文武雙班綴白裘六編 | 共樂昇平 | 葉宗寶 |
| 第三階段 | 乾隆三十六年 | 時新雅調崑腔綴白裘新集七編 | 民安物阜 | 朱祿建 |
| | | 時新雅調崑腔綴白裘新集八編 | 五穀豐登 | 鏡心居士 |
| | 乾隆三十七年 | 時新雅調崑腔綴白裘新集九編 | 含哺擊壤 | 時元亮 |
| | | 時新雅調崑腔綴白裘新集十編 | 遍地歡聲 | 朱鴻鈞 |
| 乾隆三十八年，出版十編合訂本 | | | | |
| 第四階段 | 乾隆三十九年 | 綴白裘梆子腔十一集外編 | 萬方同慶 | 許道承 |
| | 乾隆三十九年 | 綴白裘時尚崑腔補編十二集 | 千古常春 | 葵園居士 |

　　乾隆四十二年，另一書坊「四教堂」將「寶仁堂」出版的這套戲曲選輯略施改易、翻刻出版，書題《重訂綴白裘全編》，標明「乾隆四十二年新繡」。

　　在編排形式上，「四教堂本」將書名統一更定為《重訂綴白裘全編》；並將十二編改成「第一集」、「第二集」等標序，共十二集；廢棄原來的「陽春白雪」、「坐花醉月」等卷名，每集分卷一、卷二、卷三、卷四。刪去最早的李克明序文，保留程大衡之〈綴白裘合集序〉。

　　在選刊內容方面，「四教堂本」調整少數折子的編排次序，刪補幾齣劇目：如初集〈水滸記・殺惜、活捉〉移到二集；初集增〈紅梨記・賞燈〉；《倒精忠》刪去〈草地〉、〈敗金〉、〈現橋〉三齣，保留〈刺字〉，增入〈交印〉，由二集移到六集；五集《清忠譜》原收的〈訪文〉、〈罵祠〉皆刪；九集〈衣珠記・珠圓〉刪；十二集增〈兒孫福・宴會〉。[5]

　　「四教堂本」現藏中國藝術研究院戲曲所[6]，「四教堂本」的書名統一，分集、卷數清晰易查，迅速成為其他書坊仿刻的版本。仿刻者有：

一、乾隆四十六年「集古堂本」，書題《綴白裘》，署「玩花主人編」，現藏北京首都圖書館[7]、上海圖書館[8]。

二、乾隆四十七年「學耕堂本」，現藏中央戲劇學院[9]，版式依「寶仁堂」本，選目是「四教堂本」的內容。

---

[5]　吳敢：〈《綴白裘》敘考〉，頁 116。

[6]　館藏資訊不明。另有乾隆四十六年出版之「四教堂本」，現藏中國國家圖書館，索書號：113791。

[7]　索取號：（G）（丁）／14529。

[8]　索書號：線普長 021757。

[9]　館藏資訊不明。

三、乾隆四十二年至五十二年「增利堂本」，書題《重訂綴白裘全
　　編》，十二集，四十八冊，四函。現藏北京大學圖書館[10]。

四、乾隆四十六年「共賞齋本」，書題《重訂綴白裘》。[11]

五、嘉慶十五年「五柳居本」，書題《綴白裘》，署「玩月主人編」，
　　現藏北京首都圖書館[12]。

六、道光十三年「嘉興吟稑山房本」。

　　到了清末至民初，各書局、出版社翻刻都是按照「四教堂本—
集古堂本—共賞齋本」這個系統來排印。[13]

---

[10] 典藏號：SB／812.08／8324.7。

[11] 據吳敢先生指出有「乾隆十五年共賞齋本」，現藏中國藝術研究院戲曲所，
詳情待查。吳新雷先生、林鋒雄先生指出有「乾隆四十六年共賞齋本」，現
有四川大學圖書館文理館藏「同治十年藻文堂印乾隆四十六年共賞齋刻
本」，館藏信息：02416。另有「道光三年共賞齋本」藏台灣中央研究院傅
斯年圖書館，索書號：855.3 805v1-v10、中央圖書館長台灣分館（此本是
乾隆四十七年刻），索書號：853.67 1708。

[12] 索取號：（G）甲四／60。

[13] 有光緒二十一年上海「上海書局本」，現藏北京大學圖書館，典藏號：X／
812.08／8324.4。

　　　光緒二十一年題「金閶寶仁堂刊本」，現藏台灣大學圖書館，（僅初編
到六編）索書號：p.417v1-10。

　　　光緒二十八年上海「廣雅書局石印本」，現藏上海圖書館，索書號：線
普長 287760-71、中國國家圖書館，索書號：150007、台灣中央研究院近史
所郭廷以圖書館（僅初編到九編），索書號：S853 535、北京大學圖書館，
典藏號：X／5660／8524.07。

　　　光緒三十四年「萃香社石印本」，現藏上海圖書館，索書號：線普長
009521、北京首都圖書館，索取號：（G）丙四 5004。

　　　上海「周月記機器印書處本」，現藏中國國家圖書館，索書號：152441。

　　　民國三年「上海知音社本」，現藏北京大學圖書館，典藏號：X／812.08
／8324.5。

　　　民國四年「富華圖書館本」，現藏上海圖書館，索書號：線普 437459-70。

　　　民國十三年上海「啟新書局本」，現藏中國國家圖書館，索書號：
153093、北京大學圖書館，典藏號：X／812.08／8324。

　　乾隆三十五年至三十九年，杭州「武林鴻文堂」以幾乎同步的速度出版寶仁堂刊行的《綴白裘》，書題《綴白裘新集合編》，署「玩花主人輯錢德蒼續輯」，現藏北京首都圖書館[14]。

　　待寶仁堂系統十二「編」全部出齊後，鴻文堂又於乾隆四十二年，翻刻全部十二「集」，並將初編李克明序文的題識「乾隆二十九年春月松陵李克明書於寶仁書屋」篡改為「書於鴻文書屋」。鴻文堂翻印的《綴白裘》書題並未統一，有「綴白裘新集○編」、「時新雅調綴白裘○編」兩種；保留寶仁堂系統的「風、調、雨、順」「海、宴、河、澄」分卷格式，選刊的內容較接近原始的「寶仁堂本」系統，但書目不及「四教堂本」系統清晰。

　　一九三一年，汪協如女士以翻印最多、最通行的「四教堂本」為底本，點校整理錢編本《綴白裘》，一九四○年由北京中華書局出版《綴白裘》鉛字排印本，是為「四教堂─汪校本」。一九五五年北京中華書局曾經重印，二○○五年依據一九五五年版再次重印。[15]

　　本書據二○○五年「四教堂─汪校本」進行研究，同時參酌台灣學生書局《善本戲曲叢刊》影印出版的乾隆四十二年「鴻文堂本」。

---

[14] 索取號：（G）（丁）／853。
[15] 中華書局編輯部：〈《綴白裘》再版說明〉，《綴白裘》（北京：中華書局出版社，2005 年 9 月），頁 1-3。

# 第二節　《綴白裘》的編輯體例及功能

## 壹、編輯體例

《綴白裘》採輯舞台本刊印出版，其體例初看似乎是觸類而納，論者向以「散金碎玉」形容之。然而仔細尋繹，會發現實有其整貫、堅實的組構方式：

集首吉祥神仙戲

↓
↓

副末開場

↓
↓

正戲

↓
↓

集末團圓、合婚、榮歸、封贈喜慶戲

也就是說，《綴白裘》各集的編輯次第實際上是模擬一場舞台演出的流程。

從最早的乾隆二十九年「寶仁堂本」初編[16]看起，該編之首乃是一齣「上壽」折子：由老旦扮王母，淨、生、丑、付、貼、正旦、

---

[16] 乾隆二十九年「寶仁堂本」初編收於王秋桂先生主編《善本戲曲叢刊》第五輯，題《綴白裘補編》：（台北：學生書局出版，1984 年）。

小生外等扮八仙、仙女同上，眾仙同場唱【園林好】、【山花子】、【天和佛】、【紅繡鞋】、【尾聲】等曲。

到了乾隆四十二年「鴻文堂本」，依然保留「各集之首必為吉祥神仙戲」的體例，只是吉祥神仙換成圖像來表示，折子不再完整刊出。「鴻文堂本」初、二、五、七、八、九、十、十一、十二各編之首都是「加官」與「招財」兩張圖，三編是「加官」與「張仙」圖，四編是「加官」與「魁星」圖，六編是「雙加官」、「雙招財」共四張圖。八編更有趣，「加官」、「招財」兩張圖之前又附上上述乾隆二十九年「寶仁堂本」初編的「王母與眾仙上壽」折子。

我們知道，傳統劇場的演出流程首先是由演員扮仙，演出吉祥神仙戲。《綴白裘》在各集集首放上吉祥神仙圖有雙重作用：對演員來說，開頭的這些「圖示」，可作為「照樣搬演」的參考；對書的讀者來說，吉祥神仙圖喚起過往的視聽經驗，誘召「戲開演了」的立體想像。

緊接在吉祥神仙戲之後的是副末開場，一般傳奇劇作的副末開場含三個部分：上場詞牌、提要詞牌、下場詩。副末先唱「上場詞牌」，「上場詞牌」的內容多是感慨春秋代序、提點世情叵測，並勸勉讀者觀眾寄情風月宮商、舉觴遠離塵累，有時兼表明創作意圖、宣發戲曲主張。接著，副末唱「提要詞牌」，「提要詞牌」的內容是介紹主角身世、聆覽劇情內容。最後，副末唸「下場詩」，總括劇情綱領、突出主題思想。有時會有一段與後房（即後台、戲房）的問答，由副末提問：「且問後房子弟，今日敷演誰家故事？哪本傳奇（戲文）？」，後台人員即報出劇名，加強觀眾印象。

　　《綴白裘》是散齣折子戲選輯，各集折子出自不同劇作，而且數量眾多，無法一一說明每齣的主題內容。再者，劇團演出時並不是照著選刊的次序演下來，一場演出可能從一集或數集中隨意挑選數齣來演，所以戲班的副末在演出現場不可能詳細介紹每一齣的創作意圖與劇情內容。基於這兩個原因，《綴白裘》的副末開場不唱「提要詞牌」，只有編輯改寫過的「上場詞牌」。

　　《綴白裘》各集的「上場詞牌」全都沒有詞牌名，也未依律填寫，嚴格來講，只是一段長短句的唱段，讓戲班的副末視當下場合情境或唱或唸、增字加句，即興發揮。

　　為了強化與觀眾的交流，《綴白裘》的副末開場最後有「交過排場」，由副末向觀眾簡單介紹今日戲碼、場面安排、關目設計、腳色妝扮、藝人絕活[17]。

　　十二集的「副末開場」之「上場詞牌」有三則可以找到出處，第二集的：

　　　一曲清歌酒一巡　梨園風月四時新　人生得意須行樂
　　　莫使飛花減卻春　今即古　假為真　評紅品綠奉知音
　　　歌動陽春飛白雪　舞餘霓羽絕飛塵

　　取自《香囊記》第一齣「家門」的【鷓鴣天】[18]。第五集：

　　　一段新奇故事　須教兩極馳名　三千今古腹中論　言開驚
　　　四座　打動五靈神　六府齊才并七部　八方浩氣凌雲　歌
　　　聲遏住九霄雲　十分全會者　仁義禮先行

---

[17] 周筆平：〈談《綴白裘》的副末開場〉，《藝術百家》1997 年第二期，頁 88。
[18] 後三句原文是「從教感起座間人，傳奇莫作尋常看，識義由來可立身」，經編者更改。

取自《赤水屠評本荊釵記》第一齣「家門」的【臨江仙】。第七集：

世態有常有變　英雄能弱能強　從來海水難斗量　運乖金失色　時至鐵生光　休論先期勝負　何須預叩興亡　高歌一曲解愁腸　柳遮庭院綠　花覆酒樽香

取自《千金記》第一折「引場」的【滿庭芳】。

其餘諸曲是編者自行譜寫，編者將奉勸及時行樂之意大肆發揮，並注入「引發看戲動機」、「歌頌政治昇平」等其他意涵。[19]

保留「上場詞牌」、增加「交過排場」這樣的設計，方便戲班演出時參酌運用，做為書面文本，或多或少也帶有激發讀者觀劇想像的功能。

討論《綴白裘》的組構還會注意到，編輯在每集的最後一齣毫無例外安排團圓、合婚、榮歸、封贈之類的喜慶戲，各集末齣表列如下：

| 第一集 | 金印記・封贈 | 第二集 | 荊釵記・舟會 |
|---|---|---|---|
| 第三集 | 百順記・榮歸 | 第四集 | 雙官誥・榮歸 |

---

[19] 「引發看戲動機」的語句最多，如第三集的「四時歡笑興偏濃　漫把宮商傳送」、第四集的「且靜聽清新樂府　響遏行雲」、第六集的「梨園雙部舞蹁躚　文武爭奇誇豔　莫訝移宮換羽　需知時尚新鮮」、第八集的「白雪紅牙　憑著他錦上添錦　睫睎醉眼　且看戲中之戲」、第九集的「陶情莫勝掃愁箒　樂得當歌對酒　逢場聊作戲　花枝當酒籌」、第十二集的「漫自評紅品綠　須教協律調音」。「歌頌政治昇平」的例子有初集的「深感皇恩賀聖朝」、第六集「國泰民安　河清海晏祥麟現　三多嵩祝　四海頌堯天　幸遇唐虞聖世　正逢月麗花妍」「歡聲遍地　齊慶太平年」、第十二集「幸遇堯天舜日　喜逢麗日佳辰」等。

| 第五集 | 風箏誤・後親 | 第六集 | 百順記・三代 |
|---|---|---|---|
| 第七集 | 一捧雪・杯圓 | 第八集 | 雙官誥・誥圓 |
| 第九集 | 衣珠記・堂會・珠圓 | 第十集 | 占花魁・獨占・團圓 |
| 第十一集 | 淤泥河・顯靈 | 第十二集 | 邯鄲夢・仙圓 |

　　需要說明之處有幾點，首先，編輯早在第一集出版伊始便確立了「末齣喜慶戲」的體例。第一集末齣是〈金印記・封贈〉融合《金印記》原書第三十四齣〈蘇秦拜相〉與第四十二齣〈封贈團圓〉改編而成。原書〈蘇秦拜相〉的主題在於「詢策」：六國設壇拜蘇秦為相，各國國君一一敕旨詢問蘇秦對緊繃的國際情勢有何佳計妙策，蘇秦依次回答。〈封贈團圓〉主要情節是演蘇秦細數自己發達之前父母譏諷、兄嫂嘲謗、妻不下機的往事，國君封贈的情節只有一帶而過。但是《綴白裘》版的演法，採用第三十四齣〈蘇秦拜相〉的【北村裏迓鼓】、【後庭花】、【北梧桐兒】等曲牌大肆敷演第四十二齣一帶而過的封贈情節：六國國君陸續下旨，賜給蘇秦高爵厚祿，蘇氏一門榮耀滿堂。這個版本織造榮耀滿堂的喜慶感，編輯特地放在首集之末，滿足傳統戲曲觀眾喜歡在曲終人散前欣賞到喜慶戲之慣性[20]。

　　其次，「鴻文堂」本第十集末齣《占花魁》演到〈獨占〉生（秦小官）、旦（改名王美娘之辛瑤琴）業已合婚。唯「獨占」之名稱不算吉利，因而編者很技巧地在該集集首目錄的最末行，也就是「獨

---

[20] 請注意〈封贈〉並不一定都放在一台戲的最後演出，在婚禮等吉慶場合，戲班會在一開始先演〈加官〉、〈張仙送子〉、〈封贈〉三齣戲，俗稱「三出頭」。見王廷信：《崑曲與民俗文化》（瀋陽：春風文藝出版社，2005年），頁48-49。

占」的後面一行加上「團圓」兩字。若讀者看佾覽視目錄，會以為〈獨占〉後還選刊了〈團圓〉，〈團圓〉是本集最末齣。翻到內文，會發現實際上只選到〈獨占〉為止，並沒有接著演秦小官和辛瑤琴與他們的父親、叔父寺廟重逢兩家團圓的情節。編輯在這裡動的小小手腳，證明《綴白裘》編輯體例強固，到了鴻文堂翻印時代並未移易。

不只「鴻文堂本」依遵這個體例，連「四教堂」本也不例外，「四教堂」本刪去第九集末齣〈衣珠記・珠圓〉，演到前一齣〈堂會〉為止。然而我們知道〈堂會〉有生旦團圓，也有旦與父母團圓的情節，即使刪掉了〈珠圓〉只演到〈堂會〉，內容還是圓滿吉美的喜慶結局。也就是說，不管如何地翻刻、改輯，其他版本的編輯出版者都還遵循錢德蒼一開始確立下來的編輯體例。

復次，專收地方戲的第十一集依然凜遵「最末齣吉慶戲」之體例，十一集末齣〈顯靈〉演秦王李世民平定高麗之後，率領尉遲恭、秦瓊、程咬金等大將到羅成靈前祭奠。羅成顯靈致謝，並表明自己「已列星班」。最後，秦王且對羅成之子羅春言到：「孤家將你父親顯靈之事奏聞父王，必加追贈。俟你服滿入朝，蔭襲爾父之職便了」。演的還是封贈主題：羅成列星班，羅春蔭父爵。消抹羅成壯志未酬的遺恨，帶來門楣光耀的喜慶感。

《綴白裘》是舞台輯本，戲班演出時，正戲部分自由擷取數個折子演出，不一定按照選刊的次序順著演下來，更有可能跨集選演。不過，錢德蒼精心設計了「各集之首吉祥神仙戲——副末開場——正戲——末齣團圓、合婚、榮歸、封贈喜慶戲」這樣的編輯體例，在二維平面上啟動三維空間的劇演想像，甚至進一步涵攝四次

元的演出時間流程，使得每一集從頭到尾看起來擬似一場完整的演出，這是《綴白裘》的編輯體例和其他戲曲選本非常不一樣的地方。

當然，這樣的編輯體例無疑也撐托強化了它的功能。

## 貳、《綴白裘》的功能

《綴白裘》的第一個功能可以從旁述的、公告的、內文中的資料來看：

旁述的資料有陸伯焜的〈綴白裘四集序〉，是氏指出：

> 錢子復輯是編，新聲逸調，不特梨園樂部奉為指南，抑亦鼓吹休明，激揚風俗之一端也。[21]

「梨園樂部奉為指南」可證明從乾隆二十九年初編出版到乾隆三十二年四編出版，短短的三、四年間，《綴白裘》已成為戲班演出的重要參考書。

又，朱祿建的〈七集序〉指出：

> 故每集一出，梨園中無不奉為指南。[22]

朱氏同樣指出錢編本《綴白裘》成了當時戲班演出時不可或缺的參考書。

---

[21] 《綴白裘》，二冊，四集，頁 1。
[22] 《綴白裘》四冊，七集，頁 1。

　　公告的資料亦透露同樣的訊息，如乾隆三十九年出版的《綴白裘梆子腔十一集外編》，封面加了朱印「舊八集梆子腔俱換此集」[23]，這顯然是編者、出版者給戲班的指導性話語。

　　內文出現的諸多資料更能透視《綴白裘》的指導性格，其一，有待填入的闕格，供演員自行補入：

　　如〈十五貫‧訪測〉婁阿鼠稱讚況鍾的隨從：「好個標緻小官人！倒像某某班裏個小旦。」。

　　又如〈繡襦記‧樂驛〉樂道德趾高氣昂問港阜工作的驛子：「你可認的我是誰？」驛子回答：「我認得吓倒像○○班裏個二花頭。」。

　　再如〈水滸記‧拾巾〉張文遠轉回閻婆惜住處，藉口掉了剔牙杖，非得再次入屋內找一找，因為：「個是一個小朋友□□官送拉我個了。」[24]。

　　〈訪測〉、〈樂驛〉的「某某」、「○○」顯然演出時讓演員自行道出班名的空格。〈拾巾〉的「□□」毫無疑問是演出時由演員自行道出人名的空格。

　　其二，常見編輯特別標明演出使用的語言，做為提示與指導，如〈兒孫福‧勢僧〉的「付（勢僧）蹎上作揚州話白」、〈一文錢‧燒香〉的「付（羅合）作句容聲口介」、〈爛柯山‧悔嫁〉的「淨（張西橋）拐步作山話上」、〈紅梅記‧算命〉提醒「淨（算命仙）、丑（瞽妻）須要一口揚州話為妙」、〈繡襦記‧教歌〉「此齣丑用蘇白，淨用揚州白」。[25]

---

[23]　吳新雷：〈《綴白裘》的來龍去脈〉，頁 39。

[24]　分別見《綴白裘》一冊，二集，頁 258、五冊，十集，頁 63、六冊，十二集，頁 107。

[25]　分別見《綴白裘》三冊，五集，頁 44、《綴白裘》三冊，五集，頁 188、《綴

其三，編輯提示扮飾行當，如〈琵琶記‧規奴〉齣前提示「惜春本丑角，今雜齣時作貼、旦扮俱可。」[26]，和劇作文本相對照，發現《綴白裘》版的〈規奴〉經過改編，刪去開頭丑扮的惜春和淨扮的姥姥及末扮的院公在後花園閒耍、打鞦韆、鬥嘴的情節。劇作文本這段諧趣的情節表現「丑」丫頭惜春肆放的春心，是為了和接下來出場的牛小姐作對比，映襯牛小姐的貞雅。改編後的演出既然刪去了惜春與姥姥、院公的滑稽調笑，也就放棄了對比作用，單純把焦點放在刻劃牛小姐的婦德。劇作文本設定的應工行當已經不適合改編後的情節內容，所以特地提示新的應工腳色。

又如〈西廂記‧長亭〉齣前提示：

> 此齣時下新興，俱佣旦腳裝，不用生、丑，名曰女長亭。正旦扮張生，小旦扮鶯鶯，貼旦扮紅娘，作旦扮琴童，老旦扮車伕。如班中旦腳少者，仍照舊小生、丑腳等做也。[27]

這條提示記錄當時新興的、全由旦行應工的「女長亭」噱頭，可見《綴白裘》同步掌握當時劇壇最流行的表演樣貌。且編輯似有意推介這種演法，只不過對旦腳少的戲班，還是給予「照舊做」的體貼指示。這條提示直接證明《綴白裘》對當時的戲班、演員有相當的指導力。

以上，從旁述的、公告的、內文出現的資料可知《綴白裘》是戲班的演出參考書。

---

白裘》三冊，五集，頁 224、《綴白裘》四冊，七集，頁 14、《綴白裘》五冊，十集，頁 77。
[26] 《綴白裘》一冊，二集，頁 11。
[27] 《綴白裘》五冊，九集，頁 112。

　　《綴白裘》的第二個功能則可以引清道光年間梁章鉅《浪跡叢談》之浪跡續談卷六為證：

　　　　（余）在京師日，有京官專嗜崑腔者，每觀劇，必攤《綴白裘》于几，以手按板拍節，群目之為專門名家。[28]

　　梁章鉅這段記錄說明《綴白裘》的另一個重要功能——觀眾的賞戲參考書，而且，從乾隆中期到道光朝，這項功能都還一直存續著。

　　每部戲曲選本的功能都不一樣，有的是揄揚理論觀念；有的是歸納創作法則；有的是展現審美評價。《綴白裘》的功能有二：首先，它是戲班的演出參考書；其次，它是觀眾的賞戲參考書。

## 第三節　研究範圍：《綴白裘》崑腔折子戲

　　「四教堂─汪校本」系統《綴白裘》每集四卷，每卷約有八到十二齣折子，也就是說，每集選刊三十五到四十八齣不等。選刊數四齣（含）以下的劇作，只有《一文錢》、《百順記》、《後尋親》、《萬里緣》、《滿床笏》、《鮫綃記》分兩次以上選刊，其他都是同集同卷一次刊畢。相對的，選刊齣數多的劇作只有八本[29]在同集同卷一次刊完，其他都是兩次以上分集刊行。總共選刊四百二十三齣崑腔折子，這四百二十三齣崑腔折子便是本書研究範圍。

---

[28]　梁章鉅：《浪跡叢談》（北京：中華書局，1981 年），頁 346。

[29]　一集二卷的《永圑圖》、五集二卷的《宵光劍》、六集三卷的《蝴蝶夢》、六集四卷的《翡翠園》、八集二卷的《黨人碑》、九集一卷的《九蓮燈》、九集四卷的《衣珠記》、十集一卷的《醉菩提》。

　　圈劃出研究範圍之後，下一步，筆者選擇各劇作流通較廣的版本為參考版本，詳細比對，嘗試找出和《綴白裘》崑腔折子有血源關係──摘採情節片段、援用多數曲牌、曲文及賓白──的文本。

　　由於資料繁夥，故以表列方式呈現。表格由左至右依序是「劇名」、「劇目」、「推測文本出處」、「參考版本與說明」四欄。〈安天會・北餞〉〈慈悲願・認子〉、〈慈悲願・回回〉、〈漁樵記・寄信〉、〈漁樵記・相罵〉、〈荊釵記・別任〉、〈荊釵記・舟會〉、〈綵樓記・拾柴〉、〈綵樓記・潑粥〉〈西廂記・惠明〉等齣有新發現，或舊說有疑義者，則於「參考版本與說明」欄說明。

| 劇名 | 劇目 | 推測文本出處 | 參考版本與說明 |
|---|---|---|---|
| 三國志 | 訓子 | 《關大王單刀會》第三折 | 北京人民文學出版社《全元戲曲》（底本：《脈望齋抄校古今雜劇》本）。 |
| | 刀會 | 第四折 | |
| 安天會 | 北餞 | 《唐三藏西天取經》／ | 《昇平寶筏》第十六齣。舊說〈北餞〉改編自相傳元代吳昌齡所撰的《唐三藏西天取經》雜劇第五齣〈詔餞西行〉[30]。〈北餞〉與吳昌齡《唐三藏西天取經》的曲文、賓白全異，出場人物也不同。〈北餞〉出場人物是尉遲恭、徐勣、杜如晦、殷開山、程咬金，〈詔餞西行〉出場人物是尉遲恭、秦叔寶、房玄齡、虞世南。筆者考證後認為〈北餞〉應是改編自元代無名 |

---

[30] 洪惟助主編：《崑曲辭典》（台灣宜蘭縣：國立傳統藝術中心出版，2002年5月），頁199。

| | | | |
|---|---|---|---|
| | | | 氏《唐三藏西天取經》雜劇。《昇平寶筏》第十六出移錄無名氏此作殘折，筆者據以參考。 |
| 昊天塔 | 盜骨 | 第四折 | 北京人民文學出版社《全元戲曲》（底本：《元曲選》本）。<br>本齣改編自元代朱凱《昊天塔孟良盜骨》雜劇第四折，內容演「楊延昭五台山會兄」（楊五郎唱），而非「孟良昊天塔盜骨」（孟良唱）。「四教堂一汪校本」誤題〈盜骨〉，「鴻文堂本」題識《五台》才正確，應辨正。 |
| 金貂記 | 北詐瘋 | 《功臣宴敬德不伏老》第三折 | 北京人民文學出版社《全元戲曲》（底本：明富春堂刊本《薛平遼金貂記》附錄本）。<br>〈北詐瘋〉演尉遲恭事，《金貂記》演薛仁貴事。楊梓《功臣宴敬德不伏老》雜劇傳本有二：一是《脈望齋鈔校本古今雜劇》本，二是明富春堂刊本《薛平遼金貂記》附錄本。《綴白裘》與梨園界或根據後者誤題劇名。 |
| 風雲會 | 訪普 | 《宋太祖龍虎風雲會》第三折 | 北京人民文學出版社《全元戲曲》（底本：《脈望齋抄校古今雜劇》本）。 |
| 慈悲愿 | 認子 | 《唐三藏西天取經》第一卷第三齣江流認親後半 | 北京人民文學出版社《全元戲曲》（底本：日本內閣文庫楊東來先生批評本）。<br>〈認子〉、〈回回〉兩齣皆演玄奘法師事，皆題識《慈悲愿》，但兩齣實出自不同的劇作文本，應加以區別。〈認子〉出自吳昌齡《唐三 |

| | | | |
|---|---|---|---|
| | | | 藏西天取經》第一卷第三齣，劇譜丹霞禪師夜來得到伽藍尊者諭示，命長大成人的玄奘尋找生母、兼報父仇，玄奘依遵師命前往洪州尋母。〈認子〉只取後半，演母子相認、痛説家史，由旦（玄奘母）主唱。 |
| 慈悲願 | 回回 | 《唐三藏西天取經》／ | 《昇平寶筏》第十八齣。筆者比對後確認本齣出自元代無名氏的《唐三藏西天取經》。《昇平寶筏》第十八出〈獅蠻國直指前程〉移錄殘折，與《綴白裘》的〈回回〉情節、曲文高度雷同，筆者據以參考。 |
| 精忠記 | 掃秦 | 《精忠記》第二十八齣　誅心 | 汲古閣刻《六十種曲》本。 |
| | | 《地藏王證東窗事犯》第二折 | 北京人民文學出版社《全元戲曲》（底本：元刊本）。 |
| 爛柯山 | 北樵 | 《朱太守風雪漁樵記》第一折 | 北京人民文學出版社《全元戲曲》（底本：《元曲選》本）。二齣改編自元代佚名《朱太守風雪漁樵記》雜劇而非明代的《爛柯山》傳奇。《綴白裘》的〈北樵〉、〈逼休〉和《漁樵記》又有一些差別，《漁樵記》玉天仙是應父親劉二公的要求假離婚，目的是為了激勵「苦戀」玉天仙、「偎婦靠婦」、「不肯進取功名」的朱買臣上朝取應干祿。劉二公早已暗備下十兩白銀、一套棉衣待女兒假離婚後馬上送至王安道處，待朱買臣來向王安 |
| | 逼休 | 第二折 | |

| | | | |
|---|---|---|---|
| | | | 道辭行時轉贈。《綴白裘》中朱買臣之妻「玉天仙」主動要求離異，離婚的動機是嫌朱買臣太窮，要另找有錢人改嫁，但不知何故未曾別嫁。到了〈相罵〉的下場式方由劉二公補述前情，他見女兒索了休書，取白銀十兩、棉衣兩套央王安道送朱買臣上京應試，父女兩人慶幸未曾別嫁。 |
| 爛柯山 | 寄信 | ／ | 北京人民文學出版社《全元戲曲》（底本：《元曲選》本）。二齣演貨郎張別古遵朱買臣之託捎信息給玉天仙，要她另去嫁人。張別古來到劉家，數落玉天仙狠心絕情，最後竟與玉天仙互罵。一般將〈寄信〉、〈相罵〉與前述〈北樵〉、〈逼休〉一起討論，認為四齣皆出自《漁樵記》雜劇[31]。比對後發現這兩齣的情節、賓白、曲牌、曲文和《漁樵記》迥異。〈寄信〉的【端正好】、【滾繡球】不見於《漁樵記》第三折；〈相罵〉的【迎仙客】等五支的曲文與《漁樵記》全異。在《綴白裘》中未見修編幅度這麼大的例子，二齣或另有所本，或是融合兩個以上的版本，或是梨園表演家編創而成，詳情待考，出處欄暫保留。 |
| | 相罵 | ／ | |

---

[31] 《崑曲辭典》，頁 1228、1241 及吳新雷主編：《中國崑劇大辭典》（南京：南京大學出版社，2002 年 5 月），頁 63。

| 白兔記 | 鬧雞 | 第四齣　祭賽 | 汲古閣刻《六十種曲》本 |
| | 養子 | 第十九齣　挨磨 | |
| | 送子 | 第二十三齣　見兒 | |
| | 回獵 | 第三十一齣　憶母 | |
| | 麻地 | 第三十二齣　私會前半 | |
| | 相會 | 第三十二齣　私會後半 | |
| 幽閨記 | 大話 | 第九齣　綠林寄跡前半 | 汲古閣刻《六十種曲》本。 |
| | 上山 | 第九齣　綠林寄跡後半 | |
| | 走雨 | 第十三齣　相泣路岐 | |
| | 踏傘 | 第十七齣　曠野奇逢 | |
| | 請醫 | 第二十五齣　抱恙離鸞前半 | |
| | 拜月 | 第三十二齣　幽閨拜月 | |
| 荊釵記 | 説親 | 第八齣　受釵 | 汲古閣刻《六十種曲》本。《荊釵記》版本複雜，且在舞台上一直有著幅度不小的改編，要追本溯源實有困難，故以最通行的汲古閣刻《六十種曲》本為參考版本。 |
| | 繡房 | 第九齣　繡房 | |
| | 別祠 | 第十一齣　辭靈 | |
| | 送親 | 第十二齣　合巹 | |
| | 遣僕 | 第十三齣　遣僕 | |
| | 迎親 | 第十四齣　迎請前半 | |

| | | | |
|---|---|---|---|
| | 回門 | 第十四齣　迎請後半 | |
| | 參相 | 第十九齣　參相 | |
| | 改書 | 第二十一齣　套書 | |
| | 前拆 | 第二十二齣　獲報 | |
| | 哭鞋 | 第二十八齣　哭鞋<br>第二十九齣　搶親前段 | |
| | 女祭 | 第三十齣　祭江 | |
| | 見娘 | 第三十一齣　見母 | |
| | 男祭 | 第三十五齣　時祀 | |
| | 開眼 | 第三十九齣　就祿 | |
| | 上路 | 第四十一齣　晤婿 | |
| | 男舟 | 第四十七齣　疑會 | |
| | 別任 | 第二十七齣 | 天一出版社影印發行《新刻原本王狀元荊釵記》：明初「溫泉子編集」影鈔本。 |
| | 舟會 | 第四十八齣 | |
| 琵琶記 | 稱慶 | 第二齣　高堂稱壽 | 1. 天一出版社影印發行《琵琶記》：明嘉靖新刊元本（陸貽典抄本）此本不分齣，出處欄填汲古閣刻《六十種曲》本的齣序數與齣目。 |
| | 規奴 | 第三齣　牛氏規奴 | |
| | 逼試 | 第四齣　蔡公逼試 | |
| | 分別 | 第五齣　南浦囑別前半 | |
| | 長亭 | 第五齣　南浦囑別後半 | 2. 汲古閣刻《六十種曲》本。 |
| | 訓女 | 第六齣　丞相教女 | 《琵琶記》版本複雜，舞台上的演出紛雜多樣，要追本溯源實有困難，暫選擇《六十種曲》本及陸貽典抄本為參考版本。 |
| | 墜馬 | 第十齣　杏園春宴 | |
| | 饑荒 | 第十一齣　蔡母嗟兒 | |

| | 辭朝 | 第十六齣　丹陛陳情 |  |
|---|---|---|---|
| | 請郎 | 第十八齣　再報佳期 | |
| | 花燭 | 第十九齣　強就鸞凰 | |
| | 吃飯 | 第二十齣　勉食姑嫜 | |
| | 吃糠 | 第二十一齣　糟糠自厭 | |
| | 賞荷 | 第二十一齣　琴訴荷池 | |
| | 思鄉 | 第二十四齣　宦邸憂思 | |
| | 剪髮 | 第二十五齣　祝髮買葬前半 | |
| | 賣髮 | 第二十五齣　祝髮買葬後半 | |
| | 拐兒 | 第二十六齣　拐兒紿誤 | |
| | 描容 | 第二十九齣　乞丐尋夫前半 | |
| | 別墳 | 第二十九齣　乞丐尋夫後半 | |
| | 盤夫 | 第三十齣　瞷詢衷情 | |
| | 諫父 | 第三十一齣　幾言諫父 | |

| | | | |
|---|---|---|---|
| | 廊會 | 第三十五齣　兩賢相邁 | |
| | 書館 | 第三十七齣　書館悲逢 | |
| | 掃松 | 第三十八齣　張公遇使 | |
| | 別丈 | 第三十九齣　散髮歸林 | |
| 連環記 | 起布 | 第四齣　起布 | 北京中華書局明清傳奇選刊《連環記》（底本：北京圖書館藏清抄本）。 |
| | 議劍 | 第十一齣　議劍 | |
| | 賜環 | 第五齣　教技<br>第十三齣　賜環 | |
| | 問探 | 第十六齣　問探 | |
| | 拜月 | 第十八齣　拜月 | |
| | 小宴 | 第二十齣　小宴 | |
| | 大宴 | 第二十一齣　大宴 | |
| | 梳妝 | 第二十五齣　梳妝 | |
| | 擲戟 | 第二十六齣　擲戟 | |
| 牧羊記 | 慶壽 | 第二出　慶壽 | 天一出版社影印發行《牧羊記》：清道光年間寶善堂刊本。 |
| | 頒詔 | 第四出　頒詔 | |
| | 小逼 | 第八出　勸降 | |
| | 大逼 | 第九出　逼降 | |
| | 看羊 | 第十六出　牧羊 | |
| | 望鄉 | 第十八出　望鄉 | |
| | 遣妓 | 第十九出　遣妓 | |
| | 告雁 | 第念出　告雁 | |

| 節孝記 | 春店 | 第二十三折　春店 | 天一出版社影印發行《黃孝子尋親記》：《古本戲曲叢刊初集》本。 |
|---|---|---|---|
| 金印記 | 逼釵 | 第八出　逼妻賣釵 | 北京中華書局明清傳奇選刊《金印記》（底本：《古本戲曲叢刊初集》明刻本）。 |
| | 不第 | 第十六出　一家恥笑 | |
| | 投井 | 第十七出　投井遇叔 | |
| | 封贈 | 第三十四出　蘇秦拜相<br>第四十三出　封贈團圓 | |
| 綵樓記 | 拾柴 | | 無。<br>〈潑粥〉有【川撥棹】、【漁家傲】、【剔銀燈】、【破地錦】、【蔴婆子】五支曲牌是《綵樓記》清刊本所沒有的。《（全家）風月錦囊》收有這五支曲牌，孫崇濤、黃仕忠《風月錦囊箋校》[32]。頁 433〈新刊摘匯奇妙戲式全家錦囊大全呂蒙正七卷・十冒雪回窯〉校一指出：「此段富春堂本在第十四折」。頁 435〈新刊摘匯奇妙戲式全家錦囊大全呂蒙正七卷・十二告妻赴試〉校一指出：「此段富春堂本在第十八折」。故知《綴白裘》的〈拾柴〉、〈潑粥〉與金陵富春堂刻本《綵樓記》血緣接近。富春堂本筆者未寓目，出處欄暫留保留。 |
| | 潑粥 | | |

[32] 孫崇濤、黃仕忠箋校：《風月錦囊箋校》（北京：中華書局，2000 年 8 月）。

| 香囊記 | 看策 | 第十一齣　看策 | 汲古閣刻《六十種曲》本。 |
|---|---|---|---|
| 千金記 | 起霸 | 第四齣　勵兵 | 汲古閣刻《六十種曲》本。 |
| | 撇斗 | 第十五齣　代謝 | |
| | 拜將 | 第二十六齣　登拜 | |
| | 楚歌 | 第三十五齣　楚歌 | |
| | 探營 | 第三十六齣　解散 | |
| | 別姬 | 第三十七齣　別姬 | |
| | 跌霸 | 第四十齣　問津<br>第四十一齣　滅項<br>第四十三齣　封王 | |
| 躍鯉記 | 看穀 | 第二十八折 | 天一出版社影印發行《姜詩躍鯉記》：明萬曆金陵富春堂刊本。 |
| 西川圖 | 蘆花蕩 | 《草廬記》第四十六折 | 天一出版社影印發行《草廬記》：明富春堂刊本。 |
| 浣紗記 | 前訪 | 第二齣　遊春 | 汲古閣刻《六十種曲》本。 |
| | 回營 | 第七齣　通嚭 | |
| | 姑蘇 | 第十四齣　打圍 | |
| | 寄子 | 第二十六齣　寄子 | |
| | 進施 | 第二十八齣　見王 | |
| | 採蓮 | 第三十齣　採蓮 | |
| | 賜劍 | 第三十三齣　死忠 | |
| 雙珠記 | 汲水 | 第十一齣　遇淫持正 | 汲古閣刻《六十種曲》本。<br><br>〈天打〉是藝人編創（詳第三章第一節），故出處欄不填。 |
| | 訴情 | 第十三齣　劍擊淫邪前半 | |
| | 殺克 | 第十三齣　劍擊淫邪後半 | |

| | | | |
|---|---|---|---|
| | 二探 | 第十八齣　處份後事 | |
| | 賣子 | 第十九齣　賣兒繫珠 | |
| | 捨身 | 第二十一齣　真武靈應 | |
| | 天打 | ／ | |
| | 月下 | 第四十五齣　月下相逢 | |
| 鮫綃記 | 寫狀 | 第九齣 | 1. 天一出版社影印發行《鮫綃記》：清順治沈仁甫抄本。<br>2. 《不登大雅堂鈔藏曲》傳鈔本。 |
| | 獄別 | 第十五齣前半 | |
| | 監綁 | 第十五齣後半 | |
| | 草相 | 第十八齣 | |
| 西廂記（南西廂） | 遊殿 | 第五齣　佛殿奇逢 | 1. 《南西廂》：汲古閣刻《六十種曲》本。<br><br>2. 《北西廂》：汲古閣刻《六十種曲》本。<br><br>〈惠明〉前半部改編自《南西廂》第十三齣〈許親借援〉，惠明上場後唱的【端正好】等八支曲牌，出自《北西廂》第五齣〈白馬解圍〉，合併兩篇文本改編而成。 |
| | 惠明 | 《南西廂》第十三齣　許親借援 | |
| | | 《北西廂》第五齣白馬解圍 | |
| | 請宴 | 第十七齣　東閣邀賓 | |
| | 寄柬 | 第二十齣　情傳錦字 | |
| | 跳牆 | 第二十三齣　乘夜踰垣前半 | |
| | 着碁 | 第二十三齣　乘夜踰垣後半 | |
| | 佳期 | 第二十七　月下佳期 | |

| | | | |
|---|---|---|---|
| | 拷紅 | 第二十八齣　堂前巧辯 | |
| | 長亭 | 第二十九齣　秋暮離懷 | |
| 玉簪記 | 琴挑 | 第十六齣　寄弄 | 汲古閣刻《六十種曲》本。 |
| | 姑阻 | 第二十一齣　姑阻前半 | |
| | 失約 | 第二十一齣　姑阻後半 | |
| | 催試 | 第二十二齣　促試 | |
| | 秋江送別 | 第二十三齣　追別 | |
| 鳴鳳記 | 辭閣 | 第三齣　夏公命將[33] | 汲古閣刻《六十種曲》本。 |
| | 嚴壽 | 第四齣　嚴嵩慶壽 | |
| | 吃茶 | 第五齣　忠佞異議 | |
| | 河套 | 第六齣　二朝相爭 | |
| | 夏驛 | 第十一齣　驛裏相逢 | |
| | 寫本 | 第十四齣　燈前修本 | |
| | 斬楊 | 第十六齣　夫婦死節 | |
| | 醉易 | 第三十一齣　陸姑救易前半 | |
| | 放易 | 第三十一齣　陸姑救易後半 | |

---

[33] 〈辭閣〉【五馬江兒水】一支出自《唐韋臯玉環記》第三十二齣【逢簫玉子】。見《玉環記》（台北：天一出版社，不著出版年），卷四，頁十四 a-b。

| | | | | |
|---|---|---|---|---|
| 宵光劍 | 相面 | 第六齣　神鑑 | 天一出版社影印發行《宵光記》：上卷明萬曆唐振吾刊本，題《新刻出相點校宵光記卷之上》，署「秦淮墨客校正　唐氏振吾刊行」，刻本，含第一到第十七「齣」，其中第二、第五、第八、第十、第十六齣有闕頁。 |
| | 掃殿 | 第十四齣　遣信 | |
| | 鬧莊 | 第十八折　救青前半 | |
| | 救青 | 第十八折　救青後半 | 下卷許之衡飲流齋手訂鈔錄本，題《宵光劍傳奇》，鈔本，含第十八到第三十「折」，共十三折。許本的背供、對白、擬聲辭、科介極其詳細，是後出的梨園演出本。 |
| | 功臣宴 | 第二十六折　功宴 | |
| 彩毫記 | 吟詩 | 《驚鴻記》第十五齣　學士揮醉前半 | 天一出版社影印發行《驚鴻記》：明萬曆間唐氏世德堂刊本。 |
| | 脫靴 | 第十五齣　學士揮醉後半 | 兩齣出自吳世美撰《驚鴻記》傳奇，非屠隆的《彩毫記》，時代背景、人物相同，但情節差異甚大。 |
| 葛衣記 | 走雪 | 第十二出　不納 | 《古本戲曲叢刊五集》影印發行：舊鈔本。 |
| 牡丹亭 | 學堂 | 《牡丹亭》第七齣閨塾、第九齣肅苑 | 1. 汲古閣刻《六十種曲》本。 |
| | | 《風流夢》第五折傳經習字 | 2. 天一出版社影印發行《墨憨齋重訂三親會風流夢》：明崇禎間墨憨齋刊本。 |
| | 勸農 | 第八齣　勸農 | |
| | 遊園 | 第十齣　驚夢前半 | |
| | 驚夢 | 第十齣　驚夢後半 | 〈學堂〉、〈叫畫〉、〈弔打〉、〈圓駕〉四齣融合湯本與馮本改編而成。〈學堂〉【掉角兒】末句、〈叫畫〉【二郎神】、【集賢賓】兩支曲牌以及【簇園林】的第一、 |
| | 尋夢 | 第十二齣　尋夢 | |
| | 離魂 | 第二十齣　鬧殤 | |
| | 冥判 | 第二十三齣　冥判 | |

| | | | |
|---|---|---|---|
| | 拾畫 | 第二十四齣　拾畫 | 二句、〈弔打〉【尾】、〈圓駕〉之賓白以及第二支【點絳唇】末句、【滴溜子】乃是本馮夢龍《墨憨齋重訂三親會風流夢》。 |
| | 叫畫 | 《牡丹亭》第二十六齣　玩真 | |
| | | 《風流夢》第十九折　初拾真容 | |
| | 問路 | 第四十齣　僕偵 | |
| | 弔打 | 《牡丹亭》第五十三齣　硬拷 | |
| | | 《風流夢》第三十六折　刁打狀元 | |
| | 圓駕 | 《牡丹亭》第五十五齣　圓駕 | |
| | | 《風流夢》第三十七折　皇恩賜慶 | |
| 邯鄲夢 | 掃花 | 第二折　度世前半 | 天一出版社影印發行《邯鄲夢》：明天啟元年閔光瑜刻朱墨套印本。 |
| | 三醉 | 第二折　度世後半 | |
| | 捉拿 | 第十九折　死竄前半 | |
| | 法場 | 第十九折　死竄後半 | |
| | 仙圓 | 第二十九折　合僊 | |
| 紅梨記 | 賞燈 | 第三齣　豪讌 | 汲古閣刻《六十種曲》本。〈解妓〉是藝人編創（詳第三章第一節），故出處欄不填。 |
| | 訪素 | 第六齣　赴約 | |
| | 趕車 | 第十一齣　錯認 | |
| | 解妓 | ／ | |
| | 草地 | 第十二齣　投雍 | |
| | 盤秋 | 第十五齣　訴衷 | |

| | | | |
|---|---|---|---|
| | 踏月 | 第十七齣　潛窺前半 | |
| | 窺醉 | 第十七齣　潛窺後半 | |
| | 亭會 | 第十九齣　初會 | |
| | 北醉隸 | 第二十一齣　詠梨前段 | |
| | 花婆 | 第二十三齣　再錯第二十四齣　赴試前段 | |
| 義俠記 | 打虎 | 第四齣　除凶 | 汲古閣刻《六十種曲》本。 |
| | 戲叔 | 第八齣　叱邪 | |
| | 別兄 | 第十齣　委囑 | |
| | 挑簾 | 第十二齣　萌奸 | |
| | 做衣 | 第十四齣　巧媾 | |
| | 捉奸 | 第十四齣　巧媾第十六齣　中傷前半 | |
| | 服毒 | 第十六齣　中傷後半 | |
| 獅吼記 | 梳妝 | 第九齣　奇妬 | 天一出版社影印發行《獅吼記》：環翠堂原刻本。 |
| | 跪池 | 第十一齣　諫柳 | |
| 焚香記 | 陽告 | 第二十六齣　陳情 | 汲古閣刻《六十種曲》本。 |
| 尋親記 | 遣青 | 第六齣　催逼 | 汲古閣刻《六十種曲》本。 |
| | 殺德 | 第七齣　傷生前半 | |
| | 前索 | 第七齣　傷生後半 | |
| | 出罪 | 第十三齣　發配前半 | |

| | | | |
|---|---|---|---|
| | 府場 | 第十四齣 賄押<br>第十三齣 發配後半 | |
| | 送學 | 第二十四齣 就教 | |
| | 跌書包 | 第二十五齣 訓子 | |
| | 榮歸 | 第二十九齣 報捷前半 | |
| | 刺血 | 第三十一齣 血書 | |
| | 飯店 | 第三十二齣 相逢 | |
| | 茶坊 | 第三十三齣 懲惡 | |
| 紅梅記 | 算命 | 第十一齣 私推 | 天一出版社影印發行《紅梅記》：玉茗堂評本。 |
| 繡襦記 | 樂驛 | 第六齣 結伴毘陵 | 汲古閣刻《六十種曲》本。 |
| | 墜鞭 | 第八齣 遣策相挑 | |
| | 入院 | 第九齣 述叶良儔 | |
| | 扶頭 | 第十齣 鳴珂嘲宴 | |
| | 賣興 | 第十六齣 鬻賣來興 | |
| | 當巾 | 第二十一齣 墮計消魂 | |
| | 打子 | 第二十五齣 責善則離 | |
| | 收留 | 第二十六齣 卑田救養 | |
| | 教歌 | 第二十八齣 教唱蓮花 | |
| | 鵝毛雪 | 第三十一齣 襦護寒郎 | |

| | 剔目 | 第三十三齣　剔目勸學 | |
|---|---|---|---|
| 釵釧記 | 相約 | 第八出　相約 | 天一出版社影印發行《釵釧記》：清康熙抄本 |
| | 講書 | 第十出　講書 | |
| | 落園 | 第十一出　落園 | |
| | 相罵 | 第十三出　相罵 | |
| | 會審 | 第二十出　恤刑 | |
| | 觀風 | 第二十一出　觀風 | |
| | 賺贓 | 第二十二出　賺釵 | |
| | 出罪 | 第二十三出　後審 | |
| | 謁師 | 第二十八出　會釵 | |
| 八義記 | 翳桑 | 第九齣　翳桑救輒 | 汲古閣刻《六十種曲》本。 |
| | 鬧朝 | 第十三齣　宣子爭朝 | |
| | 遣鉏 | 第十四齣　決策害盾 | |
| | 上朝 | 第十九齣　犬撲宣子前半 | |
| | 撲犬 | 第十九齣　犬撲宣子後半 | |
| | 嚇癡 | 第二十齣　靈輒負盾 | |
| | 盜孤 | 第三十二齣　韓厥死義 | |
| | 觀畫 | 第四十一齣　報復團圓 | |
| 望湖亭 | 照鏡 | 第十齣　自嗟 | 天一出版社影印發行《望湖亭》：清玉夏齋刊本。 |

| 百順記 | 賀子 | ／ | 無。 |
| | 三代 | ／ | 《百順記》有二傳本，歸中國戲劇研究院戲曲研究所資料室藏。惜筆者未寓目，參考版本及出處欄暫保留。 |
| | 召登 | ／ | |
| | 榮歸 | ／ | |
| 精忠記 | 秦本 | ／ | 無。本齣是藝人編創（詳第三章第一節），故出處欄、參考版本不填。 |
| 水滸記 | 借茶 | 第三齣　邂逅 | 汲古閣刻《六十種曲》本。 |
| | 劉唐 | 第五齣　發難 | |
| | 拾巾 | 第十二齣　自成 | |
| | 前誘 | 第十八齣　漁色 | |
| | 後誘 | 第二十一齣　野合 | |
| | 殺惜 | 第二十三齣　感憤 | |
| | 活捉 | 第三十一齣　冥感 | |
| 祝髮記 | 做親 | 第十二折　景行親迎領差 | 天一出版社影印發行《孝義祝髮記》：明對溪富春堂刊本。 |
| | 敗兵 | 第十六折　景行路遇陰兵 | |
| | 渡江 | 第二十四折　達磨折蘆渡江 | |
| 翠屏山 | 交賬 | 第捌出　戲叔前半 | 天一出版社影印發行《翠屏山》：清雍正九年抄本。 |
| | 戲叔叔 | 第捌出　戲叔後半 | |
| | 送禮 | 第玖出　送禮 | |
| | 酒樓 | 第念出　酒樓 | |
| | 反誑 | 第念壹出　反誑 | |
| | 殺山 | 第念陸出　殺山 | |

| | | | |
|---|---|---|---|
| 西樓記 | 樓會 | 第八齣　病晤 | 汲古閣刻《六十種曲》本。 |
| | 拆書 | 第十三齣　疑謎 | |
| 金鎖記 | 送女 | 第六齣　從姑 | 北京中華書局明清傳奇選刊《金鎖記》（底本：《古本戲曲叢刊三集》影印清抄本）。 |
| | 私祭 | 第十二齣　私奠 | |
| | 思飯 | 第十三齣　計貸 | |
| | 羊肚 | 第十七齣　誤傷 | |
| | 探監 | 第二十齣　探獄 | |
| | 法場 | 第二十三齣　赴市 | |
| 白羅衫 | 賀喜 | 第二十折 | 天一出版社影印發行《羅衫記》：鄭振鐸藏舊抄本。 |
| | 井會 | 第二十一折 | |
| | 請酒 | 第二十五折 | |
| | 遊園 | 第二十六折 | |
| | 看狀 | 第二十八折 | |
| 爛柯山 | 悔嫁 | ／ | 無。《爛柯山》現存清康熙六十年陳益儒抄本，藏於中國戲劇研究院戲曲研究所資料室。惜筆者未寓目，參考版本及出處欄暫保留。 |
| | 癡夢 | ／ | |
| | 潑水 | ／ | |
| 療妒羹 | 題曲 | 第九齣　題曲 | 天一出版社影印發行《療妒羹記》：明崇禎金陵兩衡堂刻《燦花齋新樂府》所收本。 |
| 金雀記 | 喬醋 | 第二十八齣　臨任 | 汲古閣刻《六十種曲》本。 |
| 衣珠記 | 折梅 | 第四　羨材 | 天一出版社影印發行《衣珠記》：清初抄本。 |
| | 墮冰 | 第六　墮冰 | |
| | 園會 | 第七　贈釧 | |
| | 埋怨 | 第二十四　埋怨 | |
| | 關糧 | 第二十五　放糧 | |

| | 私囑 | 第二十六　見姑前半 | |
|---|---|---|---|
| | 堂會 | 第二十六　見姑後半 | |
| 鸞釵記 | 遣義 | ／ | 天一出版社影印發行《劉漢卿白蛇記》：明富春堂刊本。<br>舊說明末藝人改明初鄭國軒《劉漢卿白蛇記》戲文而成《鸞釵記》，《劉漢卿白蛇記》主題是劉漢卿義救白蛇，白蛇酬恩謝寶，《鸞釵記》主題則環繞在劉妻的「鸞釵」之上；曲牌、曲文看不出有承襲的痕跡；劉漢卿遭陷害的過程二書大相逕庭；保全劉廷珍的重要人物在《劉漢卿白蛇記》是僕人旺保，在《鸞釵記》是鄰人朱義，拔救的動機與過程有不同的鋪陳與發展。惜《鸞釵記》佚，兩者的關係無可考。筆者僅以《劉漢卿白蛇記》為參考。<br>因《鸞釵記》已佚，出處欄不填。 |
| | 殺珍 | ／ | |
| | 探監 | ／ | |
| | 拔眉 | ／ | |
| 一捧雪 | 送杯 | 第八齣　偽獻 | 上海古籍出版社《李玉戲曲集》（底本：《古本戲曲叢刊三集》本）。 |
| | 搜杯 | 第十一齣　搜邸 | |
| | 換監 | 第十四齣　出塞 | |
| | 代戮 | 第十五齣　代戮 | |
| | 審頭 | 第十八齣　勘首 | |
| | 刺湯 | 第十九齣　醜醋<br>第二十齣　誅奸 | |
| | 祭姬 | 第二十一齣　哭瘞 | |
| | 邊信 | 第二十三齣　邊憤 | |

| | 杯圓 | 第三十齣　杯圓 | |
|---|---|---|---|
| 人獸關 | 演官 | 第二十三齣　癡擬 | 上海古籍出版社《李玉戲曲集》（底本：《古本戲曲叢刊三集》本）。 |
| 占花魁 | 勸妝 | 第九齣　勸妝 | 上海古籍出版社《李玉戲曲集》（底本：《古本戲曲叢刊三集》本）。 |
| | 種情 | 第十四齣　再顧 | |
| | 酒樓 | 第二十齣　種緣 | |
| | 串戲 | 第二十三齣　巧遇前半 | |
| | 雪塘 | 第二十三齣　巧遇後半 | |
| | 獨占 | 第二十四齣　歡敘 | |
| 永團圓 | 逼離 | 第七齣　詭離 | 上海古籍出版社《李玉戲曲集》（底本：《古本戲曲叢刊三集》本）。 |
| | 擊鼓 | 第九齣　控休 | |
| | 鬧賓館 | 第十一齣　賺嬌前半 | |
| | 計代 | 第十三齣　計代 | |
| | 堂婚 | 第十四齣　巧合 | |
| 麒麟閣 | 反牢 | ／ | 上海古籍出版社《李玉戲曲集》（底本：《古本戲曲叢刊三集》本）。〈反牢〉是藝人編創而成（詳第三章第一節），故出處欄不填。 |
| | 激秦 | 第一本卷下第三十二齣 | |
| | 三擋 | 第一本卷下第三十三齣 | |
| | 揚兵 | 第二本卷下第二十三齣 | |
| 千鍾祿 | 奏朝 | 第七齣　奏朝 | 上海古籍出版社《李玉戲曲集》（底本：《古本戲曲叢刊三集》本）。 |
| | 草詔 | 第八齣　草詔 | |
| | 搜山 | 第十齣　搜山 | |

| | 打車 | 第十八齣　打車 | |
|---|---|---|---|
| 風雲會 | 送京 | 《風雲會》傳奇<br>第十五齣　送路 | 上海古籍出版社《李玉戲曲集》（底本：北京圖書館藏乾隆內府精抄本）。 |
| 萬里緣 | 跌雪 | 第十二齣　跌雪 | 上海古籍出版社《李玉戲曲集》（底本：《古本戲曲叢刊三集》本）。 |
| | 三溪 | 第十四齣　三溪 | |
| | 打差 | 第二十二齣　打差 | |
| 精忠譜<br>{清忠譜} | 書鬧 | 第二折　書鬧 | 上海古籍出版社《李玉戲曲集》（底本：《古本戲曲叢刊三集》本）。〈書鬧〉等四齣出自李玉《清忠譜》傳奇，「四教堂本」誤題為《精忠譜》，應辨正。 |
| | 拉眾 | 第十折　義憤 | |
| | 鞭差 | 第十一折　鬧詔前半 | |
| | 打尉 | 第十一折　鬧詔後半 | |
| 醉菩提 | 付篦 | 第七齣　付篦 | 天一出版社影印發行《醉菩提》：鄭振鐸舊藏精鈔本。 |
| | 打坐 | 第八齣　打坐 | |
| | 石洞 | 第十二齣　伏虎 | |
| | 醒妓 | 第二十齣　醒妓 | |
| | 天打 | 第二十二齣　天打 | |
| 倒精忠 | 交印 | 第八齣 | 天一出版社影印發行《如是觀》：清康熙馬子元抄本《如是觀》傳奇。 |
| | 刺字 | 第九齣 | |
| 一文錢 | 燒香 | ／ | 無。<br>舊說三齣出自明代徐復祚的六折雜劇《一文錢》，李玫女士考證梨園界流傳的〈羅夢〉出自清代孫埏的《一文錢》傳奇第十六齣，〈捨 |

| | 羅夢 | 孫埏《一文錢》傳奇第十六齣 | 財〉出自民間小戲《一枝梅》[34]，另〈燒香〉出處不明，三齣中可確認者唯〈羅夢〉，惜筆者未寓目，參考版本及出處欄暫保留。 |
|---|---|---|---|
| | 捨財 | 民間小戲《一枝梅》 | |
| 風箏誤 | 驚醜 | 第十三齣　驚醜 | 浙江古籍出版社《李漁全集之笠翁傳奇十種》（底本：康熙金陵翼聖堂笠翁傳奇十種原刻本）。 |
| | 前親 | 第二十一齣　婚鬧 | |
| | 逼婚 | 第二十八齣　逼婚 | |
| | 後親 | 第二十九齣　詫美 | |
| 黨人碑 | 打碑 | 第七齣 | 北京中華書局明清傳奇選刊《黨人碑》（底本：《古本戲曲叢刊三集》本）。 |
| | 酒樓 | 第九齣前半 | |
| | 計賺 | 第九齣後半 | |
| | 閉城 | 第十齣前半 | |
| | 殺廟 | 第十齣後半 | |
| | 賺師 | 第十四齣 | |
| | 拜師 | 第十五齣 | |
| 虎囊彈 | 山門 | ／ | 《忠義璇圖》第二十齣。《虎囊彈》原書無傳本，出處欄不填，筆者參考《忠義璇圖》第二十齣〈長老休書遣醉客〉移錄的殘折。 |
| 十五貫 | 判斬 | 第拾伍出　夜訊 | 天一出版社影印發行《十五貫》：清順治七年精抄本。 |
| | 見都 | 第拾陸出　乞命 | |
| | 踏勘 | 第拾柒出　踏勘 | |
| | 訪鼠測字 | 第拾捌出　廉訪 | |

---

[34] 李玫：〈清代時劇《羅和作夢》正源〉，《文學遺產》二〇〇五年第一期，頁 120-125。據是氏云《串本一文錢》封面題「兩生天一名一文錢」，二十二齣，前十四齣譜盧至事，十五齣以後譜龐蘊事。清康熙間抄本，傅惜華舊藏，現藏中國藝術研究院戲曲研究所資料室。

| | 拜香 | 第貳拾伍出　拜香 | |
|---|---|---|---|
| 翡翠園 | 預報 | 第四齣前半 | 北京中華書局明清傳奇選刊《翡翠園》（底本：《古本戲曲叢刊三集》影印北京圖書館舊藏鈔本）。 |
| | 拜年 | 第四齣後半 | |
| | 謀房 | 第五齣前半 | |
| | 諫父 | 第五齣後半 | |
| | 切腳 | 第六齣及第七齣前半 | |
| | 恩放 | 第七齣後半 | |
| | 自首 | 第九齣前半 | |
| | 副審 | 第九齣後半 | |
| | 封房 | 第十二齣 | |
| | 盜牌 | 第十三齣前半 | |
| | 殺舟 | 第十三齣後半 | |
| | 脫逃 | 第十四齣 | |
| 九蓮燈 | 火判 | （未標明齣序數）火判 | 《古本戲曲叢刊五集》影印發行：上卷清抄本，十六出。下卷「清道光玖年歲次巳丑巧月重訂本」，僅存〈火判〉這四齣，有工尺，是後出的梨園演出本。此未標齣序數，僅有齣名。 |
| | 問路 | （未標明齣序數）問路 | |
| | 闖界 | （未標明齣序數）闖界 | |
| | 求燈 | （未標明齣序數）求燈 | |
| 豔雲亭 | 癡訴 | 第四出　癡訴 | 天一出版社影印發行《豔雲亭》：吳曉鈴藏舊抄本。 |
| | 點香 | 第五出　點香 | |
| 漁家樂 | 納姻 | 第九出　做親 | 清康熙景山大班精鈔本。《漁家樂》台灣可見只有台北國立故宮博物院藏《漁家樂》精鈔本上 |
| | 藏舟 | 第十四出　舟遇 | |

| | 相梁 | ／ | 卷[35]，書末署「景山大班」，乃康熙朝宮廷內班景山班所藏。然〈相梁〉、〈刺梁〉、〈羞父〉三齣收在卷下，三齣的出處欄暫保留。 |
|---|---|---|---|
| | 刺梁 | ／ | |
| | 羞父 | ／ | |
| 吉慶圖 | 扯本 | ／ | 無。<br>佚名撰《吉慶圖》演明代書生柳芳春事，與朱佐朝撰《吉慶圖》傳奇（演元代末年李珍、藍玉事）同名異事。未見傳本，參考版本及出處欄保留。 |
| 鐵冠圖 | 探營 | 第八齣　探營 | 《古本戲曲叢刊五集》影印發行《虎口餘生》：清乾隆間抄本。<br>《鐵冠圖》與《虎口餘生》皆譜明末崇禎朝事蹟。莊一拂先生指出《虎口餘生》是曹寅根據自己寫的《表忠記》傳奇節刪為四十二齣並插入《鐵冠圖》兩齣而成，計四十四齣，未指明是哪兩齣。郭英德先生認為《虎口餘生》作者為「遺民外史」，並推測第十七齣「燒宮」及第十九齣「觀圖」可能是從《鐵冠圖》摘來插入。[36]惜《鐵冠圖》已佚，難以考察。筆者比對後認為，《綴白裘》版與《虎口餘生》血緣關係深厚。又，《虎口餘生》無〈詢圖〉。 |
| | 借餉 | 第十八齣　借餉 | |
| | 詢圖 | ／ | |
| | 觀圖 | 第十九齣　觀圖 | |
| | 別母 | 第二十四齣　別母 | |
| | 亂箭 | 第二十五齣　自刎 | |
| | 守門 | 第二十九齣　守門前半 | |
| | 殺監 | 第二十九齣　守門後半 | |
| | 刺虎 | 第三十一齣　刺賊 | |
| | 夜樂 | 第三十七齣　夜樂 | |

---

[35] 著錄於國立中央圖書館典藏國立北平圖書館善本書目頁 295，台北國立故宮博物院圖書館藏微片，存卷上十五齣。

[36] 莊一拂：《古典戲曲存目彙考》（台北：木鐸出版社，1986 年），頁 1264、郭英德：《明清傳奇綜錄》，（河北：河北教育出版社，1997 年月 7），頁857-859。

| 兒孫福 | 別弟 | ／ | 無。 |
| --- | --- | --- | --- |
| | 報喜 | ／ | 《明清傳奇綜錄》頁 689 指出《兒孫福》有清康熙十年抄本傳世，傅惜華舊藏，今不知歸何處，故參考版本及出處欄保留。 |
| | 宴會 | ／ | |
| | 勢利 | ／ | |
| | 下山 | ／ | |
| 雙官誥 | 蒲鞋 | 出自有目無文的「卷下第二夜課」 | 天一出版社影印發行《雙官誥》：梅蘭芳藏綴玉軒舊鈔本 |
| | 夜課 | 出自有目無文的「卷下第二夜課」 | |
| | 借債 | 出自有目無文的「卷下第三第四前後借」 | |
| | 見鬼 | 出自有目無文的「卷下第二九舟迍」 | |
| | 榮歸 | 出自有目無文的「卷下第拾榮歸」 | |
| | 寶詔 | ／ | |
| | 誥圓 | 部分出自「卷下補誥圓」 | |
| 滿牀笏 | 卸甲 | 第貳拾柒齣　陞見 | 《十醋記》《古本戲曲叢刊五集》影印發行：清初刻本。 |
| | 笏圓 | 第叁拾陸齣　笏圓 | |
| 雁翎甲 | 盜甲 | 第拾伍齣　偷甲 | 天一出版社影印發行《偷甲記》：清初刊本。 |
| 盤陀山 | 拜香 | 第念六齣　進香 | 《古本戲曲叢刊五集》影印發行：清《環翠山房五十種曲抄本》所收本。 |
| 長生殿 | 定情 | 第二齣　定情 | 三民書局《長生殿》（底本：稗畦草堂本）。 |
| | 酒樓 | 第十齣　疑讖 | |

| | 絮閣 | 第十九齣　絮閣 | |
|---|---|---|---|
| | 醉妃 | 第二十四齣　驚變前半 | |
| | 驚變 | 第二十四齣　驚變後半 | |
| | 埋玉 | 第二十五齣　埋玉 | |
| | 聞鈴 | 第二十九齣　聞鈴 | |
| | 彈詞 | 第三十八齣　彈詞 | |
| 三國志 | 負荊 | ／ | 無。本齣用正宮【端正好】套曲，風格古樸，近元人雜劇。《中國崑劇大辭典》認為是清代藝人捏合而成，《崑曲辭典》指出有抄本傳世[37]。查《三國志》傳奇有二，一是《明清傳奇綜錄》載「婁東維庵居士」撰《三國志》[38]，二是《鼎峙春秋》的另種本[39]。婁東維庵居士是清道光之後作家，所以此本排除。《鼎峙春秋》的另種本則不明，同時《鼎峙春秋》中並沒有發現和本齣血緣關係接近的殘折移錄，故本齣出處有待進一步考證。 |
| 後尋親 | 後索 | ／ | 無。《後尋親》傳奇是明代佚名撰《尋親記》傳奇的續作，清姚子懿撰。《明清傳奇綜錄》頁 827 指出北京 |
| | 後府場 | ／ | |

---

[37] 吳新雷主編：《中國崑劇大辭典》，頁 140、洪惟助主編：《崑曲辭典》，頁 345。

[38] 郭英德：《明清傳奇綜錄》，頁 1208。

[39] 莊一拂：《古典戲曲存目彙考》，頁 1527。

| | 後金山 | ／ | 圖書館有藏本，惜筆者未寓目，參考版本及出處欄暫保留。 |
|---|---|---|---|
| 雷峰塔 | 水漫 | 第二十五齣　水鬥 | 上海古籍出版社出版續修四庫全書集部戲劇類：水竹居刻方成培改本 |
| | 斷橋 | 第二十六齣　斷橋 | |
| 蝴蝶夢 | 歎骷 | ／ | 《山水鄰新出像四大癡傳奇》：明崇禎武林李逢時編刻、清玉夏齋重刊本。 |
| | 搧墳 | （未標齣數）搧墳 | |
| | 毀扇 | （未標齣數）毀扇 | 《蝴蝶夢》改編自《山水鄰新出像四大癡傳奇》[40]卷二〈色卷〉，簡稱〈色癡〉，是明／南雜劇。〈色卷〉不題劇名，亦無齣序數，僅標齣名，共八齣。〈色癡〉並無〈歎骷〉，同時《綴白裘》的〈劈棺〉與〈色癡〉的〈劈棺〉情節、曲牌、曲文全異，故〈歎骷〉與〈劈棺〉或另有所本[41]，或藝人編創，詳情待考，二齣出處欄保留。 |
| | 病幻 | （未標齣數）病訣 | |
| | 弔孝 | （未標齣數）晤俊 | |
| | 說親 | （未標齣數）露衷 | |
| | 回話 | （未標齣數）決嫁 | |
| | 做親 | （未標齣數）假塚 | |
| | 劈棺 | ／ | |
| 孽海記 | 下山 | ／ | 天一出版社影印發行《目蓮救母勸善戲文》：明萬曆間高石山房原刻本。 |
| | 思凡 | ／ | 二齣是由民間藝人創造，故出處欄不填，但參考鄭之珍的《目蓮救母勸善戲文》。[42] |

---

[40] 《山水鄰新出像四大癡傳奇》著錄於國立中央圖書館典藏國立北平圖書館善本書目頁三{A2AF}三，台北國立故宮博物院圖書館藏微片。

[41] 《綴白裘》的〈歎骷〉亦非改編自元代李壽卿的《鼓盆歌莊子嘆骷髏》雜劇、史九敬先的《老莊周一枕蝴蝶夢》或明代謝弘儀的《蝴蝶夢》傳奇。

[42] 〈思凡〉「鴻文堂」本標「梆子腔」，「四教堂」本改唱崑腔。參考林鶴宜：《明清戲曲學辨疑》，頁 210、227。以及吳敢：〈《綴白裘》敘考續〉，頁 3。

| 四節記 | 嫖院 | ／ | 《善本戲曲叢刊》影印發行《醉怡情》。本齣乃是明代梨園表演家編創，非出自《四節記》傳奇。《四節記》傳奇以杜子美、謝安石、蘇子瞻、陶秀實四名士配春、夏、秋、冬四景演繹故事。〈嫖院〉演賈志誠事，之所以題識《四節記》，乃因賈志誠假杜子美之名寫信給妓女王四娘，藉送信名義來到妓院耍樂，妓院裏有蘇東坡題壁詩一首之故。本齣最早見於明代戲曲選本《醉怡情》，題識〈賈志誠〉。到了《綴白裘》時代，這齣戲由某「蘇郡名公」口授予《綴白裘》編輯（或是口授給演員，再由編輯向演員採錄）[43]。 |
|---|---|---|---|

　　以上，臚列本書研究範圍：「四教堂本」《綴白裘》四百二十三齣崑腔折子，並考訂其文本源頭。


## 第四節　研究進路

　　曾對折子戲與劇作文本做過比對研究的戲曲學者有徐扶明、陸萼庭兩位，徐扶明先生認為折子戲透過分、合、聯、刪、增等改編手法將劇作文本搬上舞台[44]，陸萼庭先生則說明折子戲對傳奇原作

---

[43]　《綴白裘》編者云：「此齣乃蘇郡名公口授」，見《綴白裘》，第六冊，十二集，頁88。

[44]　徐扶明：〈折子戲簡論〉，《戲曲藝術》1989年第2期，頁62-68。

的加工提高手法有「適當的剪裁增刪」、「改暗寫為實演的加工」、「憑空結撰、豐富情節的加工」、「增枝添葉、生發渲染的加工」、「適當增加穿插」、「處理下場」等[45]。兩位先生都曾舉實例說明折子戲的改編手法，不過未做全面性的比對，只略舉一、二例以明其概。本書緣陸、徐的啟發，以「四教堂本」《綴白裘》四百二十三齣崑腔折子為對象，研究其改編的項目內容、手法技巧等，希望能對這個議題做進一步的補充。

　　本書的操作方式首先是圈劃出研究範圍，選擇各劇作流通較廣的版本為參考版本，詳細比對，找出和《綴白裘》崑腔折子有清楚血源關係──摘採情節片段、援用多數曲牌、曲文及賓白──的劇作單元。接著以劇作文本（上節列參考版本）為對照組，寸寸銖銖地和《綴白裘》四百二十三齣崑腔折子比對，比對出兩者的差異，從而歸納崑腔折子從墨本到台本的改編手法。

　　第二章開始我們要整理《綴白裘》的「改編」手法，並嘗試回答以下的問題：

一、折子戲從劇作文本摘演單元情節，運用了哪些改編手法，促進劇情戲理的圓足、題旨的加強或改變、篇幅的合宜順當、觀演效果的精準細膩，使舞台表演成為獨立完整的審美客體？

二、《綴白裘》的演法與劇作文本做比對，是否可以對照出案頭與場上／文學與戲劇兩種媒介的美學設計不同之處？

三、改編之後，人物塑造、情節走向、主題內核是否統攝於原作之基調？

---

[45]　陸萼庭：《崑劇演出史稿》（台北：國家出版社，2002 年 12 月），頁 285-291。

　　第三章要討論折子戲的編創。因為有些折子的劇情增枝添葉幅度實在非常大，還有些折子是梨園表演家憑空結撰，這些折子創作的成分大增，已經超過改編的層次，所以另外立「編創」類，進行研究。

　　此外，折子戲做為一個自足的表演單元，下場式是不可或缺的成分。陸萼庭先生指出下場式受到傳奇本「餘文式吊場」的啟發，是「一齣戲結束時腳色離開場上的形式」。重要性在於它「給觀眾留下深刻的印象，取得好的戲劇效應」、「順勢營造一種下場氣氛，讓觀眾取得欣賞上的滿足」，是折子戲「一個耀眼的環節，一個必須的組成部分」。[46]下場式多數是梨園表演家全新編創，故本書一併放在「編創」類論述。

　　本書將大幅增枝添葉、憑空結撰的折子以及下場式獨立一章討論，並嘗試說明以下問題：

一、編創的折子與劇作文本有著什麼樣的關係？

二、劇情編創的基點是甚麼？增加的元素內容有哪些？

三、梨園表演家織造折子戲末尾這個「必須的組成部分」、「耀眼的環節」，思索的方向有哪些呢？

　　說明《綴白裘》改編的具體手法之後，接下來的第四章要探問的是《綴白裘》的改編在戲劇題旨、人物形象、表演藝術等各方面織造的藝術效果。

　　本書最後要從《綴白裘》的改編尋繹它所反映的觀劇態度與劇場規律。我們知道，戲曲劇作多數出自文人之手，然而文人的吟哦

---

[46] 引號內文字俱見陸萼庭：《清代戲曲與崑劇》（台北：國家出版社，2005年6月），頁93-102。

不必然是群眾的心聲，比如說《九蓮燈》、《吉慶圖》、《永團圓》、《黨人碑》、《翡翠園》這幾本劇作的折子皆被《綴白裘》選刊，但舞台上卻完全看不到投射文人理／幻想的「雙美事一夫」之類的情節內容。《綴白裘》的選齣中，《琵琶記》的蔡伯喈被迫再娶，第二椿婚姻實是他痛苦的開端，《金雀記》的潘安雖然也娶了一妻一妾，但舞台上並沒有妻妾和睦的情節，觀眾看到的是他被賢妻盤問的狼狽模樣。

其次，在《綴白裘》四百二十三齣崑腔折子戲中，有九十七齣，將近四分之一的折子在戲的尾端保留原劇作的四句下場詩[47]，但是這九十七齣當中，文人專擅的「集唐」下場詩除了《牡丹亭》的〈學堂〉、〈尋夢〉兩齣之外，都沒有被保留採用。

復次，劇作的主角集中在才子佳人帝王將相，折子戲的舞台卻是各色人物都有一片天。

可見劇作的設定與舞台上展演的樣貌是有距離的，《綴白裘》呈現的舞台樣貌恰正好反映了當時崑劇觀眾的觀劇態度，本書的第五章從這個方向說明討論。

最後還要討論行當問題，從案頭到場上的改編在主題、人物、趣味性、表演性各方面大加著墨，提昇了表演藝術的細膩精緻。表演藝術愈講究，家門分工也就日趨細密。第五章末節將提出新證據，說明《綴白裘》的改編在崑劇表演史上的重要意義——推動腳色門類的擴延分化。

---

[47] 《綴白裘》有將近四分之一的折子在戲的尾端保留原劇作的四句下場詩，而〈翡翠園·副審〉、〈翠屏山·殺山〉、〈風雲會·訪普〉、〈荊釵記·哭鞋〉、〈獅吼記·跪池〉、〈衣珠記·堂會〉六齣的下場詩更是梨園表演家新編加入的。

# 第二章　《綴白裘》的修編

　　《綴白裘》的改編手法有小幅度的修編與大幅度的編創兩類，本章討論修編。第一節討論「分合」、「改易」、「刪汰」三種修編法。第二節討論「增益」修編法。

## 第一節　分合、改易、刪汰

### 壹、分合

　　「分合」的「分」指的是表演時將原作的一齣析分為二齣，如《長生殿》第二十四齣〈驚變〉析為〈醉妃〉、〈驚變〉，《邯鄲夢》第二折〈度世〉析為〈掃花〉、〈三醉〉。

　　析分的立基點在於原本一齣中具有兩個排場[1]，梨園表演家析分的目的是為了雕繢精準細膩的觀演效果。如《牡丹亭》第十齣〈驚夢〉析為〈遊園〉、〈驚夢〉，因湯顯祖原作〈驚夢〉一齣就已經包括了二個各自獨立的音樂結構，前半段由【繞池遊】（引）、【仙呂入雙調·步步嬌】、【仙呂·醉扶歸】、【仙呂·皂羅袍】、【仙呂入雙調·好姐姐】、【隔尾】組成一個曲套，表現麗娘、春香「遊園」情事。其後【商調·山坡羊】、【越調·山桃紅】、【黃鐘·鮑老催】、【越

---

[1]　曾永義：〈論說「折子戲」〉，《戲劇研究》（中央研究院中國文哲所），2008年1月創刊號，頁48。

調‧山桃紅】、【越調‧綿搭絮】、【尾聲】則形成麗娘「驚夢」主題
的曲套。梨園表演家據此將兩個主題析分為兩齣折子戲。

　　「分」僅是基礎手法，通常析分之後還要配合其他修編手法，
才能造就精準細膩的觀演效果。〈驚夢〉析分為〈遊園〉、〈驚夢〉
兩折之後，梨園表演家對它們做了增添賓白（如增加「好天氣也」
一句叫頭）、增加情節（堆花）、刪賓白（麗娘入夢前獨白）等處理，
活化舞台氣氛、強化人物形象、生發科介舞美。[2]

　　在《綴白裘》中，「分」的修編手法計有三十四例。[3]同時我們
發現，舞台演出時，析分後的兩齣經常連演。

---

[2]　以上分析據陳凱莘：《崑劇牡丹亭舞台藝術演進之探討》（國立台灣大學戲
　　劇研究所碩士論文，1999 年 6 月），頁 167-194。

[3]　《白兔記》第三十二齣〈私會〉析為〈麻地〉、〈相會〉；《幽閨記》第九
　　齣〈綠林寄跡〉析為〈大話〉、〈上山〉；《荊釵記》第十四齣〈迎請〉析
　　為〈迎親〉、〈回門〉；《琵琶記》第五齣〈南浦囑別〉析為〈分別〉、〈長
　　亭〉，第二十五齣〈祝髮買葬〉析為〈剪髮〉、〈賣髮〉，第二十九齣〈乞
　　丐尋夫〉析為〈描容〉、〈別墳〉；《千金記》第三十五齣〈楚歌〉的情節
　　部分改編成〈楚歌〉，部分改編成〈探營〉；《雙珠記》第十三齣〈劍擊淫
　　邪〉析為〈訴情〉、〈殺克〉；《鮫綃記》第十五齣析為〈獄別〉、〈監綁〉；
　　《西廂記》第二十三齣〈乘夜踰垣〉析為〈跳牆〉、〈着棋〉；《玉簪記》
　　第二十一齣〈姑阻〉析為〈姑阻〉、〈失約〉；《鳴鳳記》第三十一齣〈陸
　　姑救易〉析為〈醉易〉、〈放易〉；《宵光劍》第十八折〈救青〉析為〈鬧
　　莊〉、〈救青〉；誤提《彩毫記》的《驚鴻記》第十五齣〈學士揮醉〉析為
　　〈吟詩〉、〈脫靴〉；《牡丹亭》第十齣〈驚夢〉析為〈遊園〉、〈驚夢〉；《邯
　　鄲夢》第二折〈度世〉析為〈掃花〉、〈三醉〉，第十九折〈死竄〉析為〈捉
　　拿〉、〈法場〉；《紅梨記》第十七齣〈潛窺〉析為〈踏月〉、〈醉歸〉；《義
　　俠記》第十六齣〈中傷〉之情節主要改編為〈捉奸〉、一小段放到〈服毒〉
　　（詳第三章第一節）；《尋親記》第七齣〈傷生〉析為〈殺德〉、〈前索〉；
　　《八義記》第十九齣〈犬撲宣子〉析為〈上朝〉、〈撲犬〉；《翠屏山》第
　　捌出〈戲叔〉析為〈交帳〉、〈戲叔叔〉；《衣珠記》第二十六齣〈見姑〉
　　析為〈私囑〉、〈堂會〉；《占花魁》第二十三齣〈巧遇〉析為〈串戲〉、〈雪
　　塘〉；《清忠譜》第十一折〈鬧詔〉析為〈鞭差〉、〈打尉〉；《黨人碑》第

　　「合」指的是舞台演出時捏合原作兩齣（以上）之部分情節為一齣。整理比對《綴白裘》，可知「合」並非「分」的逆推，舞台上捏合兩齣並不是因兩齣的情節排場貫續相連，合演為佳，而是為了戲情戲理的圓足、詮釋重心的加強或改變，目的是織造「整貫」、「突顯」、「映襯」、「對比」等效果。

　　如〈一捧雪・刺湯〉，捏合第十九齣〈醜醋〉湯勤的惡妻上場自報家門以及第二十齣〈誅奸〉，雪娘刺殺湯勤後自刎的高潮情節。雪娘與湯妻兩人淳漓不一的性情、貞淫二致的做為並陳，益加突顯雪娘的貞潔。

　　在《綴白裘》中「合」的例子計有九例。[4]最特殊的是〈千金記・跌霸〉，《綴白裘》這個版本分別從第四十、第四十一與第四十三這三齣中擷取部分情節拼合。[5]除了〈千金記・跌霸〉，《綴白裘》其他例子都是捏合兩齣。

---

　　九齣析為〈酒樓〉、〈計賺〉，第十齣析為〈閙城〉、〈殺廟〉；《翡翠園》第四齣析為〈預報〉、〈拜年〉，第五齣析為〈謀房〉、〈諫父〉，第九齣析為〈自首〉、〈副審〉，第十三齣析為〈盜牌〉、〈殺舟〉；《鐵冠圖》第二十九齣〈守門〉析為〈守門〉、〈殺監〉；《雙官誥》〈夜課〉析為〈蒲鞋〉、〈夜課〉；《長生殿》第二十四齣〈驚變〉析為〈醉妃〉、〈驚變〉。

4　〈荊釵記・哭鞋〉捏合第二十八齣〈哭鞋〉後半段以及第二十九齣〈搶親〉的前半段；〈掃秦〉捏合《精忠記》傳奇第二十八齣〈誅心〉以及《地藏王證東窗事犯》雜劇第二折；〈連環記・賜環〉，前半部出自第五齣〈教技〉，後半部出自第十三齣〈賜環〉；〈西廂記・惠明〉捏合《南西廂》第十三齣〈許親借援〉及《北西廂》第五齣〈白馬解圍〉；〈紅梨記・花婆〉，捏合第二十三齣〈再錯〉和第二十四齣〈赴試〉前面一小段情節；〈義俠記・捉奸〉捏合第十四齣〈巧媾〉鄆哥的出場以及第十六齣〈中傷〉的前半部；〈一捧雪・刺湯〉，捏合第十九齣〈醜醋〉以及第二十齣〈誅奸〉；〈翡翠園・切腳〉捏合第六齣與第七齣前半部分的情節；〈千金記・跌霸〉分別從第四十、第四十一、第四十三三齣中擷取情節。

5　楚霸王項羽與農夫、船夫的問答出自原著第四十齣〈問津〉，項羽烏江自刎

　　要特別說明的是，顧及戲理、戲情的圓足，「合」的改編法有時會調動前後情節，將後面的情節挪移到前面先演[6]。如〈尋親記‧府場〉，先演原作第十四齣〈賄押〉，惡員外張敏賄賂禁子，命禁子押解周羽充軍途中伺機害死周羽，並約定事成之後另贈謝銀，禁子收下賄銀，準備打發周羽上路。接著才搬演原作第十三齣〈發配〉的後半段情節──含冤充軍的周羽和身懷六甲的妻子在府場話別。[7]這樣的改編將周羽罹禍的背景和未卜的前景並陳于觀眾視域，交代過往以幫助觀眾理解，同時也誘發懸念。

## 貳、改易

　　「改易」指的是局部修改賓白、曲文、表演方式、情節內容，使戲劇的行動、主題、情調更為精確明晰。

---

這段情節出自第四十一齣〈滅項〉，戲演到最後，張良唱了一支【醉太平】（幾年間舉兵），這支曲牌則是出自第四十三齣〈封王〉。見〈千金記‧跌霸〉，《綴白裘》，第二冊，三集，頁 51-57。參考版本《六十種曲》（台北：台灣開明書局，1970 年 6 月），第二冊，頁 897、898-902、906。這支【醉太平】原是眾士兵齊唱，《綴白裘》版改為張良獨唱（詳本章之易角演唱）。

[6]　《綴白裘》亦常見同齣內部分情節、對話、唱曲次序前後稍做改動之狀況，如〈琵琶記‧別墳〉，先演張大公囑咐趙五娘尋夫路上要留心保重，再由趙五娘唱【憶多嬌】兩支及【鬭黑麻】兩支拜辭張太公，演出次序是「張先囑，趙後唱」，和原作同一齣中「趙先唱，張後囑」的次序相反。〈琵琶記‧墜馬〉、〈釵釧記‧觀風〉、〈萬里緣‧跌雪‧打差〉、〈浣紗記‧姑蘇‧採蓮〉、〈醉菩提‧醒妓〉、〈繡襦記‧鵝毛雪〉、〈蝴蝶夢‧毀扇‧做親‧弔孝〉、〈義俠記‧挑簾〉、〈三國志‧刀會〉、〈長生殿‧絮閣〉、〈西樓記‧樓會〉、〈焚香記‧陽告〉、〈牡丹亭‧冥判‧弔打〉等齣都有這種情形。

[7]　〈尋親記‧府場〉，《綴白裘》，第四冊，八集，頁 146-152。參考版本：《六十種曲》，第一冊，頁 684-693。

## 一、改易賓白

改易賓白的例子如〈繡襦記・教歌〉，鄭元和懇求蘇州阿大、揚州阿二收留，唱【羅帳裡坐】一支，最後三句，阿大、阿二插白，原作：

> （生鄭元和唱）我願為乞丐
> （丑蘇州阿大插白）*你怎麼幹得這樣的卑賤事*
> （鄭元和帶白）*到此地位也說不得了*
> （鄭元和唱）怎辭卑賤
> （淨揚州阿二插白）*只怕你害羞不肯叫老爹奶奶。誰肯與你東西。*
> （鄭元和唱）我把蓮花落唱出叫求錢。望老爹奶奶方便。[8]

《綴白裘》將揚州阿二的插白：「只怕你害羞不肯叫老爹奶奶。誰肯與你東西。」改成問句：「你到底要學甚的本事吓？」，以鄭元和接下來的唱詞：「我把蓮花落唱出叫求錢。望老爹奶奶方便。」做為回答，再次點明「教歌」的題旨。因前面演阿大、阿二教授鄭元和耍猴弄蛇展特技、裝聾作啞博同情，鄭元和都學不會做不來，最後一定得讓鄭培養個一技之長，整齣戲才有收束。鄭元和唱詞中已懇切表示願意當乞丐，也已經當過歌郎，害羞不會是問題癥結，所以舞台演出改了阿二的插白，逼問出鄭元和在淪為殯葬隊歌郎時就已經高度展現的歌唱潛質。

---

[8] 〈繡襦記・教歌〉，《綴白裘》，第五冊，十集，頁86。參考版本：《六十種曲》，第七冊，頁4074。本書以下引文同時有曲文、賓白者，賓白部分以斜體表示。

〈倒精忠・交印〉有幾處賓白因為政治上有「違礙」之嫌而改易：一是宗澤的引子：「主暗臣庸天地陰，羽書烽火動人心，胡酋未滅身先死，常使英雄淚滿襟。」，「胡酋未滅」四字改為「國家多故」。

二是宗澤唱【紅納襖】：「我恨金人恁猖狂肆禍殘，把中原人看得來不在眼！」原作有岳飛插白：「其實可恨金酋！」，改為：「元帥請自保重！」。

三是宗澤對岳飛說：「西北一帶就是虜營」，「虜」字改為「金」。四是宗澤交代眾兵丁：「二聖陷身虜穴」，「虜穴」二字改為「外國」。[9]

## 二、改易曲文

曲文的改易有兩種做法，第一種是取兩支曲牌的部分曲文揉合成一支，如〈雙珠記・捨身〉劇譜郭氏因丈夫受害，決意求死，販鬻親兒之後，來到真武殿欲求自盡，劇作中郭氏對玄天上帝唱【香羅帶】兩支，但《綴白裘》不同，只唱一支，並且改易曲文：

| 六十種曲本【香羅帶】 | 綴白裘【香羅帶】 |
|---|---|
| 神靈在旻天　陰垂鑒憐 | 神靈在旻天　陰垂鑒憐 |
| 良人受冤將喪元 | 良人受冤將喪元 |
| 自知罪重怎求全也 | 自知罪重怎求全也 |
| 初定志　此身捐 | 初定志　此身捐 |
| 明彰報應嚴雷電 | 明彰報應嚴雷電 |
| 務須曲直分明也　稽顙皈依在九泉 | **要求骨肉相逢也　更見輪迴再世緣** |

---

9　〈倒精忠・交印〉，《綴白裘》，第三冊，六集，頁54-64。參考版本：《倒精忠》（台北：天一出版社，1996年），上卷，頁14b-19b。

　　《綴白裘》版郭氏只唱第一支【香羅帶】，第二支不唱，集中焦點，避免拖沓。但是為了使戲劇的行動、主題、情調更為精確明晰，將第一支最後兩句刪去，改唱第二支【香羅帶】的末兩句：「要求骨肉相逢也　更覓輪迴再世緣」。因為之前郭氏對神明禱告的賓白已經說過：「望神聖明彰報應，阿呀！速速報應！」，而「明彰報應嚴雷電」這句曲文也表達了同樣的心念，既然郭氏唱一支曲牌即可達到藝術效果，那麼應該讓在她生命結束前，對神靈唱出此生最深的匱恨與來世最大的心願：骨肉相逢。所以第一支【香羅帶】的末句「務須曲直分明也　稽顙皈依在九泉」，改為第二支【香羅帶】的「要求骨肉相逢也　更覓輪迴再世緣」。這個例子可以看出梨園的修編既精簡又精準。[10]【香羅帶】通常二支連用自成簡套與其他曲牌組成複合套數，少數也有用三支或一支者[11]，《綴白裘》這個版本改編後只唱一支，不過並未逾越曲牌運用規則。

　　〈雁翎甲・盜甲〉合併兩支【園林好】為一支（悄低聲）[12]、〈鳴鳳記・吃茶〉合併兩支【高陽台】為一支（性秉鋼堅）[13]都是採取「第一支前半曲文若干句，加第二支後半曲文若干句」的手法。【園林好】一般連用兩支[14]，《綴白裘》〈盜甲〉將兩支合併為一支的做法不合慣例，是搬演時的變化運用。【高陽台】通常連用數支

---

[10]　〈雙珠記・捨身〉，《綴白裘》，第一冊，二集，頁57。參考版本：《六十種曲》，第十二冊，頁7170。

[11]　洪惟助主編：《崑曲辭典》，頁1395。

[12]　〈雁翎甲・盜甲〉，《綴白裘》，第一冊，二集，頁150。參考版本：《偷甲記》（台北：天一出版社，不著出版年），上卷，52a、53b。

[13]　〈鳴鳳記・吃茶〉，《綴白裘》，第三冊，五集，頁69。參考版本：《六十種曲》，第二冊，頁1045-1046。

[14]　洪惟助主編：《崑曲辭典》，頁1368。

自成套[15]，《綴白裘》〈吃茶〉這裏把連用的三支之第一、二支合併，改編成只剩下二支，並不違背曲牌運用規則。

第二種作法是逕改曲文，如《長生殿》的〈定情〉、〈絮閣〉、〈埋玉〉、〈彈詞〉四齣，這四齣是《綴白裘》崑腔折子戲中，曲文與參考版本細部差異最多的[16]。以〈定情〉的【念奴嬌】以及【古輪台】前半章為例：

| 稗畦草堂本【念奴嬌】 | 綴白裘【念奴嬌】 |
|---|---|
| （旦楊貴妃唱） | （貼楊貴妃唱） |
| 蒙獎 | 蒙獎 |
| 沉吟半晌 | 沉吟半晌 |
| 怕庸姿下體 | 怕庸姿下體 |
| 不堪陪從椒房 | 不堪**充選嬪嬙** |
| 受寵承恩 | 受寵承恩 |
| 一霎裏身判人間天上 | **從此後隔斷人間天上** |
| 須防 | **歡暢** |
| 班姬辭輦　馮媛當熊 | **金屋藏春　玉樓傳夜** |
| 永持彤管侍君旁 | **敢辭同輦近君王** |
| （合） | （合） |
| 惟願取　恩情美滿　地久天長 | 惟願取　**地久天長　月滿花芳** |

---

[15] 洪惟助主編：《崑曲辭典》，頁 1484。

[16] 〈定情〉、〈絮閣〉、〈埋玉〉、〈彈詞〉四齣曲文與洪昇在世就已出版的稗畦草堂本細部差異多，是很值得探問的情形，四齣曲文有可能經藝人、伶工改動，但就《綴》版曲文的文學水平來看，筆者的推測與說明如下：一、吳人改本〈定情〉一折保存在《納書楹曲譜》中，經比對，知《綴》版並非出自吳人改本。二、《綴白裘》這四齣可能改編自《長生殿》的前身，也就是洪昇早期的《沉香亭》、《舞霓裳》。因洪昇〈長生殿例言〉曾提到《長生殿》的前身「毛玉斯……更名《舞霓裳》，優伶皆久習之」（見蔡毅：《中國古典戲曲序跋彙編》（北京：齊魯書社，1989 年 10 月，頁 1579），筆者認為《舞霓裳》的可能性更大，惜《舞霓裳》已逸，詳情待考。

| 稗畦草堂本【古輪台】 | 綴白裘【古輪台】 |
|---|---|
| （生唐明皇唱） | （生唐明皇唱） |
| 下金堂 | **步迴廊** |
| 籠燈就月細端相 | 籠燈就月細端相 |
| 庭花不及嬌模樣 | **名**花不及嬌模樣 |
| 輕偎低傍 | **淺偎輕**傍 |
| 這鬢影衣光 | 這鬢影衣光 |
| 掩映出丰姿千狀 | **逗得魂靈飛蕩** |
| 此夕歡愉　　風清月朗 | **今夜**歡愉　　**錦衾羅帳** |
| 笑他夢雨暗高唐 | **問風流誰似李三郎** |

　　相較於「稗畦草堂本」的內斂，《綴白裘》的明皇、貴妃坦率直截地認取眼前春情，兩版呈現不一樣的情調。[17]不過《綴白裘》這個版本似乎不受後世重視，《審音鑒古錄》、《六也曲譜》等，都還是依「稗畦草堂本」。

## 三、改易表演方式

　　表演方式的改易，恰可以看出「案頭」與「場上」迥異的美學設計。比如唸四句下場詩結束，顯得呆板，將下場詩融化在演出的賓白當中，就顯得自然順暢些。以〈琵琶記‧別丈〉的下場式為例（下場詩加劃底線）：

　　（小生蔡伯喈　二旦趙五娘牛小姐下）

　　（外　牛丞相）女婿今朝已別離，老夫孤苦有誰知？管家

---

[17] 〈長生殿‧定情〉，《綴白裘》，第三冊，六集，頁 128-129。參考版本：《長生殿》（台北：三民書局，2003 年 5 月），頁 14-15。

婆，你看小姐頭也不回，竟隨狀元去了。

（淨　管家婆）老爺，<u>夫唱婦隨同歸去，一處思量一處悲</u>。

（牛丞相）阿呀！親兒吓！[18]

又如〈躍鯉記・看穀〉的下場式：

（付　姜祖母）小畜生！<u>我常時愛你掌中珍，今日如何逆老親</u>

（貼　安安）婆婆，<u>試看雞雛尚有母，安安無母枉為人</u>。

（姜祖母）枉為人，枉為人！打殺吽個小囚根！[19]

二例都是將下場詩溶入演出的情節中，避免板重呆滯，顯得生動自然。《綴白裘》修編手法之改易表演方式，主要方式有「改白為唱」、「改唱為白」、「易角演唱」、「易角道白」等：

## 1. 改白為唱

調整表演方式，將說白改為唱曲，開發賓白文字潛在的抒情質地與感染力。如〈邯鄲夢・仙圓〉，原有一段漢鍾離描述八仙形象或生平特殊事件的賓白：

漢鍾離到老梳丫髻。曹國舅帶醉舞朝衣。李孔目拄著拐打瞌睡。何仙姑撚針補筇篾。藍采和海山充樂探。韓湘子風雪棄前妻。兀那張果老五星輪的穩。算定著呂純陽三醉岳陽回。

---

[18] 〈琵琶記・別丈〉，《綴白裘》，第五冊，九集，頁 6。參考版本：《六十種曲》，第一冊，頁 175。

[19] 〈躍鯉記・看穀〉，《綴白裘》，第六冊，十二集，頁 170。參考版本：《躍鯉記》（台北：天一出版社，不著出版年），三卷，頁 14b。

《綴白裘》版這一段是以曲唱呈現，譜入【駐馬聽】曲牌，跳脫文字平面的描摹敘述，發揮曲唱表演藝術，催發歡懌的舞台氣氛。[20]【駐馬聽】通常連用多支自成簡套[21]，《綴白裘》這裏的用法單用不入套，是搬演變化運用。

又如〈翡翠園‧殺舟〉，將舒老太太向趙翠娘報趙母身亡兇訊的說白改為唱，譜入【雙聲子】（真奇詫）一支[22]。報凶訊的賓白改為曲唱，拔昇關目段落的情緒渲染力。

此外，〈琵琶記‧別墳〉、〈雙珠記‧二探〉、〈邯鄲夢‧法場〉三齣及〈浣紗記‧寄子〉則將四句下場詩譜入舞台演出時常用於折末代替尾聲的【哭皇天】、【哭相思】曲牌。這四齣都是生離死別的悲劇，由唸改為唱，配上身段、作表，哀厲慘愁的感染力倍增。

### 2. 改唱為白

遇到敘述性場面，為了快速交待劇情，避免拖沓，便將曲唱改為說白。如〈三國志‧刀會〉，將關羽追溯漢室政權正統性唱的【沉醉東風】（想著俺漢高皇圖王霸業）曲文改為說白，仍由關羽道出。[23]又

---

[20] 〈邯鄲夢‧仙圓〉，《綴白裘》，第六冊，十二集，頁 259。參考版本：《六十種曲》（北京：人民文學出版社，1999 年 1 月），第四冊，頁 2493-2494。

[21] 洪惟助：《崑曲辭典》，頁 1437。

[22] 〈翡翠園‧殺舟〉，《綴白裘》，第三冊，六集，頁 242。參考版本：《翡翠園》（北京：中華書局，1988 年），頁 52。《崑曲辭典》頁 1431 指出【雙聲子】通常用作附牌，單支加入【畫眉序】或【絳春都序】套，多置套末尾聲前。要說明的是，這裏將說白譜入【雙聲子】，而原作後面原有的一支作為尾聲的【雙聲子】刪去不唱，這樣的改編符合【雙聲子】慣用方式。

[23] 〈三國志‧刀會〉，《綴白裘》，第一冊，初集，頁 56。參考版本：《全元戲曲》，第一卷，頁 70。

如〈雙珠記‧二探〉劇譜王楫知自己被判死刑，唱【錦堂觀畫眉】（難報　恩德(山高)），吐露放心不下的三件事。三件掛心事在《綴白裘》中不唱，而是以說白道出。[24]〈刀會〉、〈二探〉將【沉醉東風】、【錦堂觀畫眉】二支的曲文改為說白，這樣一來逾越了曲牌聯套規律，不過藝人追求的是演出的效果，合律與否在這裏並非首要考量。

### 3. 易角演唱

有時為了強化戲情戲理，便易角演唱。如〈千金記‧跌霸〉【醉太平】（幾年間舉兵）原是眾士兵齊唱之曲，講述韓信佐劉邦取天下之功，《綴白裘》版改由韓信獨唱。藉著這支曲子，回首前塵往事，省顧當下榮貴。歷歷往事又在韓信（與觀眾）腦海中重演一遍，讓這部描寫韓信生平的作品有一個完美的收束。[25]

又如《綴白裘》末集末齣〈邯鄲夢‧仙圓〉的最後一支曲牌【青江引】：

> 儘榮華掃盡了前生分　枉把癡人困　蟠桃當做薪　海水乾成暈　（淨眾先下）
> （生吊場）那時節一翻身　敢黃粱鍋未滾？

「那時節一翻身，敢黃粱鍋未滾？」這句曲文原是八仙與盧生九人齊唱，《綴白裘》的演法是先讓八仙下場，留下盧生吊場，獨唱這最末句。

---

[24] 〈雙珠記‧二探〉，《綴白裘》，第四冊，七集，頁218-219。參考版本：《六十種曲》，第十二冊，頁7159-7160。

[25] 〈千金記‧跌霸〉，《綴白裘》，第二冊，三集，頁57。參考版本：《六十種曲》，第二冊，頁906。

盧生隻身對著滿場的觀眾唱出這句曲文，似乎在叩問：台上的
騎驢悟道，台下的看魚龍戲，孰真？孰假？這樣的壓卷安排，也讓
人不禁把盧生視為編輯錢德蒼的化身，對著看不見的讀者自我叩
問：長年的修編纂集，掀動的藝界風潮，是迷？是悟？[26]

4. 易角道白

原作中的賓白到了舞台演出時易角道出，合理分配各角色的戲
份。如〈牡丹亭‧遊園〉演杜麗娘與春香來到後花園，原作：

> （貼 春香）早茶時了。請行。（行介）你看。畫廊金粉半
> 零星。池館蒼苔一片青。踏草怕泥新繡鞋。惜花疼煞小金鈴。
> （旦 麗娘）不到園林。怎知春色如許。

也就是「畫廊」等四句全由春香唸出，讓已經來過一次的春香
丫頭引導麗娘做初步的概觀瀏覽。《綴白裘》版的演法是由麗娘、
春香分唸前、後二句。修編後，一進園首先突顯出麗娘的視域：「畫
廊金粉半零星。池館蒼苔一片青。」，而春香細膩的感受：「踏草
怕泥新繡鞋。惜花疼煞小金鈴。」則稍後從旁輔襯。[27]

## 四、改易情節內容

舞台演出將情節內容稍做改變，促進劇情圓足、突出題旨重
心、強化演出效果，如〈水滸記‧殺惜〉劇作的最後，演閻惜姣之

---

[26] 〈邯鄲夢‧仙圓〉，《綴白裘》，第六冊，十二集，頁 265。參考版本：《邯
鄲夢》（台北：天一出版社，1996 年），頁 53a。

[27] 〈牡丹亭‧遊園〉，《綴白裘》，第二冊，四集，頁 108。參考版本：《六十
種曲》，第四冊，頁 2028。

母見到女兒屍首後，並未有太多慟惋，反而說女兒該死，只要求宋
江負責養她的老。《綴白裘》改為：

> （生　宋江露刀介）呸！你喊！
>
> （老旦　閻母）我不喊，我不喊。
>
> （宋江）可殺得是？
>
> （閻母）殺得是。
>
> （宋江）可殺得不差？
>
> （閻母）殺得不差，殺得不差。
>
> （宋江）這便饒你。

　　凶手宋江露著兇再三刀逼問，要閻母承認閻惜姣該死，閻母為
了自保，唯唯諾諾，口不由心。這樣的改編表現了殺人者亟欲合理
化自己行為的心態，深入刻劃人物心理。[28]

　　〈琵琶記・賞荷〉劇譜牛府書僮們服侍不周，壞了扇、滅了香、
亂了文書，遭姑老爺蔡伯喈責罰。《綴白裘》卻有不同的演法：

| 六十種曲本 | 綴白裘 |
| --- | --- |
| 蔡伯喈唱【懶畫眉】 | 蔡伯喈唱【懶畫眉】 |
| 強對南熏奏虞絃 | 強對南熏奏虞絃 |
| 只覺指下餘音不似前 | 〔丑〕好風吓！ |
| 那些個流水共山高 | 〔付〕啥個風？ |
| 只見滿眼風波惡 | 〔丑〕願老爺官上加封。 |
| 似離別當年懷水仙 | 只覺指下餘音不似前 |

---

28　〈水滸記・殺惜〉,《綴白裘》,第一冊,二集,頁 194。參考版本:《六十
　種曲》,第九冊,頁 5597。

| | |
|---|---|
| 〔淨睏掉扇介〕<br>〔末〕*告相公，打扇的壞了扇。*<br>〔蔡伯喈〕*背起打十三，那斯不中用，*<br>*只叫他燒香。*<br>蔡伯喈唱【前腔】<br>（略）<br>〔丑睏滅香介〕<br>〔淨〕*告相公，燒香的滅了香。*<br>〔蔡伯喈〕*背起打十三，那斯不中用，*<br>*只叫他管文書。*<br>蔡伯喈唱【前腔】<br>（略）<br>〔末掉文書介〕<br>〔丑〕*告相公，管文書的亂了文書。*<br>〔蔡伯喈〕*背起打十三。*<br>〔牛小姐上〕 | 〔付〕*好香！*<br>〔丑〕*啥個香!*<br>〔付〕*願老爺衣錦還鄉。*<br>那些個流水共山高<br>只見滿眼風波惡<br>似離別當年懷水仙<br>〔牛小姐上〕 |

　　舞台上改變了表現重點，刪去兩支曲牌，汰除與本齣題旨關係淡薄的書僮誤事受責情節，改為書僮拍馬：「願老爺官上加封」、「願老爺衣錦還鄉」。成功地營造對比，讓觀眾清楚看到蔡伯喈表面上享榮華、受富貴，實際上卻是身不由己，含苦難言。[29]

　　改易情節內容的例子還有〈荊釵記・參相〉，「通行本系統」的《六十種曲》本以及「古本（影鈔本）系統」的《新刻原本王狀元荊釵記》的〈參相〉都是演王十朋一人隻身拜見万俟丞相。《綴白裘》這個版本改由王十朋、王士宏（生）、周壁（末）三進士同去拜見万俟丞相。三進士與万俟丞相的應酬對話切景切題，板正端

---

[29] 〈琵琶記・賞荷〉，《綴白裘》，第二冊，三集，頁 133。參考版本：《六十種曲》，第一冊，頁 103-104。

雅；兩次提及周璧之父與万俟丞相的同年情誼，細密真摯；描述官制與派任的細節詳實有徵，戲情圓足戲理通透，異於戲場習套，是情理契洽的改編。[30]

又如〈牡丹亭・勸農〉劇譜公人（丑、老旦應工）獻酒給杜寶時不小心打破酒甕，原本兩位公人請父老（生、末二人）幫忙遮蓋，事情就此結束，並未另起波瀾。《綴白裘》改為抬酒甕的付、丑二人不小心打破甕，兩人互相推託、怪罪，進而撕打，經父老勸架才平息。[31]改易之後，「付、丑爭吵撕打」的小橋段似乎偏離了主幹，但也可以看出一但應工行當改變，藝人喜用新行當習見的表演程式增枝添葉。

「改易」的修編可以看出舞台表演採取靈活多變的方式，從賓白、曲文、表演方式、情節內容等全方位省顧發揮，鍛造熨當的場上演出效果。

## 參、刪汰

「刪汰」指《綴白裘》芟除原作文本蔓蕪之情節、曲牌，使場次篇幅更順當、表演焦點更集中、題旨重心更突顯。

考量篇幅順當而刪汰的例子如〈荊釵記・男祭〉王十朋唸祭文，刪，[32]〈鳴鳳記・斬楊〉楊夫人在法場痛聲朗唸祭夫文的情節也刪

---

[30] 〈荊釵記・參相〉，《綴白裘》，第一冊，初集，頁 202-210。參考版本：《六十種曲》，第一冊，頁 249-253。又，《綴白裘》這個版本的應酬對話、同年情誼、官制與派任的細節等，讓人不禁懷疑它出自官宦、文人之手。

[31] 〈牡丹亭・勸農〉，《綴白裘》，第三冊，五集，頁 132。參考版本：《六十種曲》，第四冊，頁 2021。

[32] 〈荊釵記・男祭〉，《綴白裘》，第四冊，八集，頁 17。參考版本：《六十種

去了。[33]王十朋與楊夫人已經透過曲唱表達哀慟的心情，無須再唸祭文。文本中「唸祭文」的情節展現劇作家駕馭該種文體能力的目的性高過戲劇行動的必要性，場上刪去唸祭文的段落，演出更為緊湊順當。

又如〈浣紗記・回營〉，伯嚭討了個名喚千嬌的丫頭，氣質粗疏，個性奇妒。照原作的設定，千嬌是滑稽可笑的甘草人物，《綴白裘》直接進入文種送來財貨美女賄賂伯嚭的情節，把千嬌這個只出場一次的甘草人物給刪了。

集中表演焦點的例子如〈水滸記・殺惜〉，本齣最前面有梁山泊小嘍囉送來書信禮物給宋江的橋段，但《綴白裘》刪去不演，因〈殺惜〉後半段的宋江失袋、婆惜要脅肇起於這段前情，前情不必實演，直接進入宋、閻的衝突主題，再從對話賓白中帶出即可。

〈尋親記・茶坊〉也是同樣的例子，茶博士向微服出訪的范仲淹說明土豪張敏惡行。一會兒再現周夫人聲容、一會兒學封丘縣新太爺聲口、一會兒又模仿周羽之子，觀演重點是茶博士的模仿功，范仲淹只負責連番提問，讓茶博士接話。周羽受冤一案成了提供茶博士表演的背景，本齣最後范仲淹懲惡霸、還公道的情節乾脆就刪去不演。

再如〈牡丹亭・離魂〉，麗娘死後春香哭小姐的兩支【紅納襖】以及麗娘父母哭女兒各一支【紅納襖】，還有杜寶等人安排後事的情節全部不演，突顯麗娘「至情者生而可以死」單一重心。

---

曲》，第一冊，頁 299-300。
[33] 〈鳴鳳記・斬楊〉，《綴白裘》，第四冊，八集，頁 195。參考版本：《六十種曲》，第二冊，頁 1097。

　　有些「刪汰」修編涉及詮釋重心甚至故事結局完全歧異的兩極立場，這是要特別注意的，如王魁故事歷來有兩種截然相反的結局，一悲一喜。《焚香記》傳奇劇譜金員外改書，騙桂英王魁入贅韓府，真相大白後，王魁迎娶桂英，走的是大團圓結局。因此第二十六齣〈陳情〉桂英海自縊之後並沒有死，後面還有一大段情節，演鴇公與鴇母尋桂英到海神廟，見到桂英「屍首」，各唱一支【山坡羊】哭桂英。嗣後鴇公鴇母發現桂英胸口還熱，猛想起算命仙曾說桂英有兩晝夜黃泉之厄，連忙將她抬回去救治。然而《綴白裘》走的是王魁負心、桂英自縊喪命的悲劇路線，所以〈陳情〉只演到桂英自縊，後半部就刪了。

　　「刪汰」最常見的情況是刪曲，哪些曲牌刪去不唱，端看舞台上要塑造什麼樣的效果，再進一步從人物形象、戲劇主題以及情緒氛圍等面向拿捏。

　　如〈綵毫記‧吟詩〉先刪掉明皇讚美楊妃姿容唱的【梁州序】，因為〈吟詩〉前半段明皇楊妃宴樂的關目只是李白上場的前導背景，明皇楊妃也已經各唱一曲，做足富貴纏綿的氛圍，故而刪去這支讚美楊妃美色的【梁州序】，直接導入劇情重心。

　　李白完成清平詞後，獲賜玻璃盞飲酒，也唱了兩支【梁州序】，第二支【梁州序】是：

　　　（持盂進明皇酒科）　願吾皇　壽比天高　（又持盂進貴妃酒科）　祈母后　齡同地老　更河清海晏　荒服來朝　但使宮中歡慶與萬方同調　到處歌魚藻　微臣依大造遠雲霄敢道樗才入譽髦

戲劇人物之類型化性格特徵「單向凝聚性」是否鮮明，是評判戲曲人物塑造優劣的基準點之一[34]，這支歌功頌德的曲牌與李白飄逸瀟灑、飛揚跋扈的形象大不相侔，簡直像是高力士所唱，故刪。[35]

描述景色的曲牌經常會被刪掉不唱，如〈雁翎甲・盜甲〉的湯隆、白勝一大早來到徐寧府外接應時遷，唱【么令】一支，描述「露濕霜華晨雞唱，雲橫霧暝亂蛩鳴影響」的晨間景象。這支曲子與全齣緊張的調性著實不侔，考慮氣氛統一及篇幅順當，舞台演出刪去不唱。又如〈三國志・刀會〉關羽唱【離亭宴】一支，描述江上晚天景致，表演時也刪去不唱。

另外，北雜劇在舞台演出時被刪去不唱的曲牌較多。《綴白裘》選刊許多獨唱（全齣由主角一人唱）或主唱（全齣除了一、兩支曲牌外其他多數曲牌由主角唱）的折子，可知當時的觀眾並不排斥由一個角色獨唱或主唱的戲。[36]前提是這些曲子符合情節需要，暢盡戲劇情味，否則在演出時會被刪去。

---

[34] 見譚帆、陸煒：《中國古典戲劇理論史》（上海：華東師範大學出版社，2005年12月），頁197-198。

[35] 〈綵毫記・吟詩〉，《綴白裘》，第二冊，三集，頁145-149。參考版本：《驚鴻記》（台北：天一出版社，不著出版年），頁28a、29b。又，《崑曲辭典》頁1392指出【梁州序】通常四支連用自成套數，統計《綴白裘》中有【梁州序】的折子，〈跪池〉、〈繡房〉、〈賞荷〉依原作唱四支，但〈著棋〉只唱一支，〈吟詩〉如上所述，刪兩支，唱兩支。可知藝人改編傾向追求劇情、戲理的順當圓足，自由運用。

[36] 《綴白裘》選刊將近六十五齣獨唱、主唱的折子，獨唱的折子有〈三國志・刀會〉（淨關羽）、〈西川圖・蘆花蕩〉（淨張飛）、〈三國志・負荊〉（淨張飛）、〈昊天塔・會兄〉（淨楊五郎）、〈安天會・北餞〉（淨尉遲恭）、〈金貂記・北詐瘋〉（淨尉遲恭）、〈爛柯山・寄信〉（淨張別古）、〈爛柯山・相罵〉（淨張別古）、〈牡丹亭・冥判〉（淨胡判官）、〈水滸記・劉唐〉（淨劉唐）、〈宵光劍・鬧莊〉（淨鐵勒奴）、〈宵光劍・救青〉（淨鐵勒奴）、〈宵光劍・功臣

　　如〈爛柯山‧北樵〉刪了【油葫蘆】、【天下樂】（朱買臣自嘆滿腹才華卻受飢寒）、【元和令】、【上馬嬌】、【勝葫蘆】（朱批評不學無文的假儒）、【後庭花】、【青哥兒】（朱細數歷代飽學受窘的賢士）、【賺煞】（朱宣稱明年取應必可壓倒群英、蟾宮折桂）八支曲牌。揆諸文義，八支曲牌是作者立足於文學書寫而非戲劇表演的角度，利用朱買臣這個人物代為立言，道出自己的牢騷。這些曲牌只須唱一兩支，在表演上即可取得良好的效果，全都唱的話，觀眾成了楊孝先、王安道，被動地聽朱買臣／作者長篇大論自說自話，難免審美疲勞。

---

宴〉（淨鐵勒奴）、〈望湖亭‧照鏡〉（淨顏伯雅）、〈牡丹亭‧拾畫〉、〈牡丹亭‧叫畫〉（小生柳夢梅）、〈長生殿‧聞鈴〉（小生唐明皇）、〈邯鄲夢‧三醉〉（小生呂洞賓）、〈白羅衫‧看狀〉（小生徐繼祖）、〈鐵冠圖‧觀圖〉（小生崇禎帝）、〈黨人碑‧打碑〉（小生謝瓊仙）、〈慈悲願‧認子〉（旦玄奘母）、〈白兔記‧養子〉（旦李三娘）、〈琵琶記‧描容〉（旦趙五娘）、〈琵琶記‧剪髮〉（旦趙五娘）、〈爛柯山‧癡夢〉（旦崔氏）、〈焚香記‧陽告〉（旦殷桂英）、〈金鎖記‧法場〉（旦竇娥）、〈風雲會‧訪普〉（生趙匡胤）、〈牧羊記‧告雁〉（生蘇武）、〈金印記‧封贈〉（生蘇秦）〈長生殿‧彈詞〉（生李龜年）、〈鐵冠圖‧詢圖〉（生鐵冠道人）、〈鐵冠圖‧守門〉（老旦王承恩）、〈鐵冠圖‧殺監〉（老旦王承恩）、〈占花魁‧勸妝〉（老旦劉四媽）、〈療妒羹‧題曲〉（貼喬小青）、〈雁翎甲‧盜甲〉（丑時遷）、〈浣紗記‧賜劍〉（外伍員）、〈一捧雪‧祭姬〉（外戚繼光）、〈紅梨記‧北醉隸〉（付許仰川）、〈一文錢‧羅夢〉（付羅合）、〈祝髮記‧渡江〉（末達摩）、〈九蓮燈‧問路〉（末富奴）、〈琵琶記‧思鄉〉（小生蔡伯喈），共計四十六齣。主角主唱的折子有〈慈悲願‧回回〉（淨老回回）、〈風雲會‧送京〉（淨趙匡胤）、〈虎囊彈‧山門〉（淨魯智深）、〈九蓮燈‧火判〉（淨火部判官）、〈滿床笏‧卸甲〉（生郭子儀）、〈琵琶記‧辭朝〉（小生蔡伯喈）、〈吉慶圖‧扯本〉（小生柳芳春）、〈荊釵記‧別祠〉（旦錢玉蓮）、〈琵琶記‧賣髮〉（旦趙五娘）、〈牡丹亭‧遊園〉（旦杜麗娘）、〈牡丹亭‧尋夢〉（旦杜麗娘）〈牡丹亭‧離魂〉（旦杜麗娘）、〈鐵冠圖‧探營〉（外孫廷珍）、〈千鍾祿‧草詔〉（外方孝儒）、〈西廂記‧請宴〉（貼紅娘）、〈西廂記‧寄柬〉（貼紅娘）、〈驚釵記‧殺珍〉（貼劉孫廷珍）、〈紅梨記‧花婆〉（老旦花婆）、〈連環記‧問探〉（丑探子），共計十九齣。

又如〈掃秦〉為了拉提瘋僧與秦檜針鋒相對的戲劇張力，刪掉瘋僧斥罵秦檜的【滿庭芳】、【鮑老兒】、【耍孩兒】、【三煞】、【二煞】五支曲牌。並在【迎仙客】、【鬥鵪鶉】等曲加入瘋僧機鋒、雙關、影射的賓白（劃底線），以【鬥鵪鶉】為例：

（丑　瘋僧唱）【鬥鵪鶉】怎待要結構金邦哩，也只是肥家，那裏肯為國？

怎如今，事要前思，免勞，免勞得這後悔。

（瘋僧）_秦檜，你下塔來。_

（秦檜）_下塔來做什麼？_

（瘋僧）_看上面什麼東西？_

（秦檜）_是天。_

（瘋僧唱）_我只道是地！_

豈不聞湛湛青天不可欺？如今人多理會的，怎在那唬鬼瞞神哩！怎做的事事，做的來藏頭〔嚘〕露尾！

（秦檜）_你手中拿的什麼東西？_

（瘋僧）_是火筒。_

（秦檜）_要他何幹？_

（瘋僧）_要他私通外國。_

（秦檜）_何不放下來？_

（瘋僧）_放下來，他就要弄權哩。_

還有【十二月】的後半章：

（瘋僧唱）【十二月】暗暗得這觀窺。休笑俺瘋魔和尚會嘴，俺可也乾淨似糖食呀，卻便是坐兒不覺立兒得這飢。

（秦檜）講了半日，元來他肚中飢了。和尚，賞他一分齋。

（末　住持應介）是。和尚，相爺賞你一分齋。

（瘋僧）我不吃！

（住持）他不吃，傾掉了。

（秦檜）再賞他一分齋。

（住持）是。相爺又賞你一分齋。

（瘋僧）我又不吃！

（住持）又傾掉了。

（秦檜）吽！你不吃也罷了，怎麼連壞我兩分齋？

（瘋僧）

秦檜，我壞了你兩個，你就發惱，虧你壞了他三個哩！

（瘋僧唱）兩頭白麵做來的，壞了你兩個，有誰得知？恁便屈殺了他三人，待推着誰？癡也不癡！這中間，造化的岳家父子肚皮裏的腌臢氣！

（秦檜）這裏不是講話的所在，你隨我到那冷泉亭上來。

（瘋僧）冷泉亭上不好，到是風波亭上好了事。

（秦檜）吽！和尚，我看你伶牙利齒，有什麼本事？

（瘋僧）我會呼風喚雨。

（秦檜）風雨在天上，如何呼得下來？

（瘋僧）呼得下，還可以退得去。

（秦檜）我不信。我如今要一陣大風。

（瘋僧）

*有，有，有。吓！如來佛，助俺奸臣秦檜一陣大風吓！*

（*內作起風介*）

（秦檜）*好大風！收了，收了。*

（瘋僧）*收，收，收。*

（秦檜）*我如今還要一陣大雨。*

（瘋僧）*有，有，有。吓東海龍王，助俺奸臣秦檜一陣大雨！*

（*內作雨聲介*）

（秦檜）*好大雨！收了，收了。*

（瘋僧）*收，收，收。*

（秦檜）*風雨在天上，為何來得能快？*

（瘋僧）*連發十二道金牌召來的，怎麼不快？*

　　《綴白裘》的演法是刪去五支曲牌，將表演重點放在秦檜、瘋僧兩人的針鋒相對（「壞了他三個」、「風波亭上好了事」、「連發十二道金牌召來的」）。也就是說，刪去曲牌不唱，但挖掘曲文的潛質，另外開發舞台性極強的表演空間，用譏諷、雙關、影射的語言，一步步揭露秦檜心之暗面。[37]

　　「分合」、「改易」、「刪汰」三種修編手法裁彌篇幅長短、集中表演焦點、突顯題旨重心，透過藝術調度，增強折子戲的獨立完整性，讓舞台演出成為完整的審美客體。

---

[37] 〈精忠記・掃秦〉，《綴白裘》，第三冊，五集，頁 58、60-61。參考版本：《全元戲曲》，第三卷，頁 311-312。

# 第二節　增益

「增益」修編含增賓白、增曲牌、增插白、帶白、增情節，條分縷析如下。

## 壹、增賓白

舞台演出增加的賓白以塑造人物、圓滿劇情、籠攝氛圍為目標，如〈長生殿・絮閣〉，演楊妃知明皇密召梅妃，醋海掀波，來到翠華西閣探求真相。楊妃為了調走明皇，逮住梅妃，提了個光明正大的建議：「請陛下早出視朝，妾在此候駕回宮者。」。明皇託疾力辭之際，高力士耳語報道梅妃已去，明皇此時急欲脫遁，便順著楊妃的建議隨棍打蛇：

> 妃子既勸寡人出朝，**此何異脫簪之姜后，警夢之齊妃**？朕只索勉強出朝去。

《綴白裘》版增加「此何異脫簪之姜后，警夢之齊妃」句，一來彰顯明皇的帝王身分，二來用姜后、齊妃之賢對比楊妃之妒，反將楊妃一軍，扣合人物身分，襯托後宮爭風吃醋的題旨。[38]

其次，由於折子戲裁截部分情節演出，演出時顧及觀眾的理解，須適時整補背景，說明前因後果。

---

[38] 〈長生殿・絮閣〉，《綴白裘》，第一冊，二集，頁 87。參考版本《長生殿》：（台北：三民書局，2003 年 5 月），頁 126。又，這是《綴白裘》四百多齣崑腔折子戲當中「增加賓白」唯一用典的例子，或有助佐證本章註 16「《綴白裘》版的〈絮閣〉等四齣疑似改編自洪昇《舞霓裳》」之說。

如〈占花魁・獨占〉，秦鍾告訴鴇母劉四媽：「小可在十錦塘上討些銀子，不想下這等大雪；行至半途，忽聽得一個女子啼哭，不想就是花魁娘子，正欲投河自盡，小可扯住了，故爾喚轎送歸」，劉四媽聽了這段雪塘救美的過程，始知秦鍾恩情匪淺，連忙命人整治酒餚、款待留宿。

又如〈一捧雪・邊信〉，貨郎在邊境巧遇被害人莫懷古，全盤道出莫懷古避禍他鄉之後，加害人湯勤起疑審頭、逼婚雪娘，以及雪娘刺湯後自縊的過程。這些補述前情的賓白有一大半原作並沒有。增加大段賓白的目的和〈尋親記・茶坊〉一樣，是為了提供演貨郎的藝人展現模仿功的機會，這齣折子貨郎模仿了陸炳、湯勤、雪娘三個人物的聲容舉止。

〈白兔記・回獵〉也增加了一段整補背景的賓白，因《綴白裘》收的《白兔記》折子只有〈回獵〉，並沒有〈出獵〉，故此咬臍郎在〈回獵〉這一折，有必要把追兔遇婦的蹊翹過程細細稟告父親劉智遠，《綴白裘》這個版本增加了幾句父子對話：

（生　劉智遠）為何去得恁遠？

（小生　咬臍郎）連孩兒也不知。坐在馬上，猶如騰雲駕霧一般。

那兔兒不見，……孩兒問她討取兔兒。那婦人說：「不見什麼兔兒。」孩兒就說：「這箭乃聖上所賜金披御箭，還了我箭，我把這兔兒賞你罷。」那婦人說得好。

（劉智遠）他怎麼說？

（咬臍郎）他說有箭必有兔，有兔必有箭。

（劉智遠）這也說得不差。[39]

「連孩兒也不知」、「猶如騰雲駕霧一般」二句描補、合理化咬臍郎追兔一路從并州追到徐州的細節。觀眾因而感受到：冥冥中有一股神秘、巨大的親情引力，導引這場母子會。李三娘「有箭必有兔，有兔必有箭」的回應一方面顯示她的冷靜明細，一方面似乎也暗示合在一起的兩件東西不會落單，必然會同時出現，母子、夫妻也必將相認、重會。

還常見《綴白裘》增入直陳戲劇扮飾假定性，或交流觀眾的打諢語，疏離觀眾入戲的情緒，製造解頤拊髀的娛樂效果。

如〈白兔記・鬧雞〉馬鳴廟廟祝知道富翁李大公要前來進香，特別「交代」神明，待會兒李大公擲筊時要賜下他喜歡的筊象，否則：「晏點進子戲房，眉毛根纔挏吓個下來丟。」

〈尋親記・茶坊〉土豪張敏尋釁鬧事，目無法紀，命令手下說：「張千，見了茶坊酒店，一路打，直打到戲房裏去！」這句「戲言」聽在觀眾耳裡，張敏的蠻橫頓時發酵膨脹，似乎其惡行不只毀砸眼前一店一坊，還不時擴及到魚肉全鄉全里。

〈白兔記・養子〉也加了這一類的打諢語，劇譜李三娘長年受虐，又即將臨盆，委弱疲累，推不動石磨。施虐的大嫂不滿道：「吓真當道是個磨子了，個是戲房裏個單皮鼓嚯！」三娘受虐的悲鬱氣氛因而減降。

---

[39] 〈白兔記・回獵〉，《綴白裘》，第二冊，三集，頁 157。參考版本《六十種曲》，第十一冊，頁 6325-6326。

〈八義記‧撲犬〉提彌明打死屠岸賈的神獒，屠岸賈家人非常訝異，竟有人敢金殿救趙，與老爺做對，說：「呔！齊門人偌了，走到革裏戲台上來打狗？」

〈荊釵記‧開眼〉錢繼母逼死玉蓮，自覺沒臉前往吉安享受女婿王十朋奉養，然而依婿養老又勢在必行，於是對老伴說：「既是更等，我戲箱裏拿個虎面子戴子勒去。」

〈鸞釵記‧殺珍〉劉繼祖母施惡計，遣朱義殺劉廷珍，朱義拿著劉繼祖母給的刀霍霍揮舞，沒想到劉繼祖母惡人乏膽，嚇得畏縮閃躲，朱義喝道：「吓出來！個是戲房裏拿出來個木頭做個嚇，怕哩做啥？丟忒子沒是哉！」

這些打諢語包捲「舞台」和「後台」兩個空間，展現中國傳統劇場「不避諱戲劇扮飾假定性」的特色。

交流觀眾是中國傳統劇場特色，《綴白裘》增益的與觀眾交流之賓白計有四種。

第一種是自報家門，原作中不起眼的配角被賦予新生命，甚至成了該齣折子的要角，當然有必要增加賓白，供其自報家門。如〈占花魁‧酒樓〉多了時阿大自報家門之賓白，觀眾因而知道他是個幽默貪杯卻善營生計、不失勤勞的煙花使者、行院先鋒。[40]

第二種是人物向觀眾說明當下心情、預告後續行為、尋求觀眾共鳴的賓白。

---

[40] 《綴白裘》中還可以看到〈千金記‧跌霸〉的農夫、〈八義記‧遣鉏〉的鉏麑、〈蝴蝶夢‧搧墳〉的觀音、〈蝴蝶夢‧弔孝〉的大小蝴蝶、〈麒麟閣‧三擋〉的賀方、〈彩毫記‧吟詩〉的高力士、〈荊釵記‧舟會〉的錢夫人多出了自報家門之賓白。

如〈幽閨記‧踏傘〉，劇譜蔣世隆與胞妹蔣瑞蓮在風雨中被番兵沖散，世隆大呼瑞蓮之名尋妹。王瑞蘭與母親也同樣在風雨中被番兵沖散，瑞蘭隔風透語聽到叫喊聲，誤以為是母親叫喚，應聲而至，與蔣世隆相遇。王瑞蘭發現誤會後，權請蔣世隆相隨為伴，《綴白裘》版蔣世隆並未立即答應，而是打背供對觀眾說：

　　且住，但見他身材甚美，未知他面龐如何？待我來哄他一哄。

蔣世隆向觀眾預告後續的行為，引發觀眾好奇，驅策接下來的戲劇行動。[41]

又如〈獅吼記‧梳妝〉，懼妻的陳慥一心要趕赴蘇東坡賞春之約，硬著頭皮答應悍妻柳氏「有妓同遊則杖一百」，末尾，陳慥吊場時對觀眾說：

　　且住，我方才事在倉促之間，只得勉強應受藜杖，但是我回來時，叫我怎生支吾，啐！大著膽且盡今日之樂，再作道理。

向觀眾說明自己內心之忐忑，與先樂後憂的「抉擇」，在末尾留下餘勢不盡的想像空間。[42]

第三種是揚善勸惡的教化語，如〈尋親記‧刺血〉周維翰寫下血書、千里尋父，來到曾經收留周父的李員外家。周維翰向李員外細說自己成長、中試的過程，周離去後，李員外對觀眾說：

---

[41] 〈幽閨記‧踏傘〉，《綴白裘》，第五冊，十集，頁140。參考版本：《六十種曲》，第三冊，頁1591。

[42] 〈獅吼記‧梳妝〉，《綴白裘》，第三冊，五集，頁157。參考版本：《六十種曲》，第十冊，頁6057。

> 咳！難得！那周先生真正是個好人吓。他出門有二十多年，
> 家中有這樣賢哉娘子，教子成名，讀書上進，中了進士，又
> 做了官，今日來此尋親。（笑介）阿喲喲，自古『積善之家，
> 必有餘慶。』我想他們如今回去，是夫妻相會，父子團團。
> 哈哈哈！就是老夫也是喜歡的吓。

這段話大力宣揚母教、讚譽人子孝行，由老善人李員外口中說出，十分恰當，適時展現戲曲風化陶淑的教化功用。[43]

還有前面提到過的〈一捧雪‧邊信〉，貨郎說完湯勤慘害莫懷古一家家破人亡的過程後，忍不住道：

> 我想一個人酒要少喝，好好一樁事，那個姓莫的酒鬼喝醉
> 了，弄得家破人亡，可好？

看戲的觀眾都知道，莫懷古酒後失言僅是莫家罹禍的引信，貨郎「愛喝酒導致家破人亡」之說乃是錯誤的歸因，不過舞台演出經常隨意添注這類勸世語。[44]

從塑造人物、圓滿劇情、籠攝氛圍出發點，《綴白裘》增入的賓白或填充細節整補背景、或穿越虛實交流觀眾，大幅添濟演出的藝術效果。

---

[43] 〈尋親記‧刺血〉，《綴白裘》，第四冊，八集，頁158。參考版本：《六十種曲》，第一冊，頁751。

[44] 〈一捧雪‧邊信〉，《綴白裘》，第六冊，十二集，頁177。參考版本：《李玉戲曲集》，上冊，頁81-82。

## 貳、增曲牌

與參考版本比對，《綴白裘》有二十齣折子出現增添曲牌的情形，筆者歸納得知增曲的目的與功用在於：表達人物當下的思維與心情、回述往事、製造特殊的氛圍感染力、引介人物上場、活絡場面冷熱。

表達人物思維與心情的例子如〈焚香記‧陽告〉，桂英向海神爺訴說王魁負心前情，昏睡中聽聞海神「陰陽間隔，難以處分」之語。轉醒之後，萌生死志，《綴白裘》比原作多了【上小樓】一支：

> 只見那陰風慘慘　沖人冷氣　最苦是眉鎖愁雲　淚眼雙星　月暗天迷　思昏沉　心亂攪　冤家頭緒又誰知　萬千愁橫生夢寐　吾將這冤苦伸　恁道是陰陽隔　俺便瑣須臾做鬼　視死如歸　心不成灰　現如今無靠依　難憑據　只是不存不濟　捱得我痛無聲　哭得咱眼枯雙泪

曲文傳盪桂英自盡前慘憒煩亂的心情，[45]增【上小樓】入本齣【北正宮端正好】套，符合搬演運用慣例[46]。

又如〈八義記‧遣鉏〉，鉏霓上場增唱【青歌兒】（醜老婆　強如獨宿）一支，自述布衣淡飯，樂天知命的生活態度。[47]【青歌兒】不入套，為淨、丑沖場曲[48]，此處用法符合使用慣例。

---

[45] 〈焚香記‧陽告〉，《綴白裘》，第一冊，初集，頁180。參考版本：《六十種曲》，第七冊，頁4370。

[46] 洪惟助主編：《崑劇辭典》，頁1566。

[47] 〈八義記‧遣鉏〉，《綴白裘》，第二冊，四集，頁204。參考版本：《六十種曲》，第二冊，頁1244。

　　有時增加的曲牌傳達的不只是當下的心情，還夾揉著往事的回述；訴求的對象不只是眼前的觀眾，還包括劇中人物。如〈荊釵記‧前拆〉多了四支曲牌，首先是錢流行接到女婿王十朋休妻的「家書」（經孫汝權竄改），唱【步步嬌】，歷數荊釵結姻過程，也唱出被王十朋拋撇的失望：

> 想當初　要與王家把姻親結　是我先送過年庚帖　我見他家貧窮　是聘禮不求奢　只有這一股荊釵　我也再無別說　咳！老天吓老天！　指望百歲永和諧　誰知半路相拋撇

　　接唱憂怨激越的【江兒水】一支，細數往日對王家的存慰關顧：

> 說甚今生契　都應是前世孽　喂！王十朋，王十朋，你若幹了這樣沒天理的事呀！　縱做高官顯爵　你的名兒缺　喂！我怎麼樣對待你的！阿呀！　和你共處同居　把你全家接　臨行時　又把黃金貼　真是負心薄岁　方才也不要怪我那婆子吵鬧吓！　就是活佛爺爺　也倒下蓮臺自跌

　　又接唱【川撥棹】一支，打算去找承局（郵差）再確認

> 你忒情絕　好好教人腸寸摺　方纔說道這書是承局寄來的，他一定在府前公幹，吓！我如今就，就到府前去尋他便了　我向承局問個枝葉　向承局問個枝葉　好和歹　我心始洽　我回家好細說　問他行　好辨別

---

48　洪惟助主編：《崑劇辭典》，頁 1355。

　　最後錢流行唱【尾聲】，痛罵王十朋富貴易性：

　　　薄情人做事忒乖劣　　閃得人沒下梢來沒下節

　　四支曲子循著當日、現今、明日時間線一路下來，敷陳錢流行的怨責尤悔。[49]這裏從常見的【步步嬌】襲用套式選用四支，填上曲文來演唱，是戲場搬演變化運用。

　　舞台演出增曲有時是為了凝塑特殊氛圍，如〈千金記・探營〉增二支【石榴花】，虞姬軍帳之外，唱第一支【石榴花】：

　　　金風颯颯角韻動淒涼　　對樓閣　　暮雲黃　　乍明乍滅閃蟾光
　　　暮笳聲　　戍鼓殘腔

　　描寫虞姬身處的氛圍：深秋風物蕭條，黃昏笳聲寂喑。虞姬聽到士兵思念故鄉的歌之後，唱第二支【石榴花】。

　　　思鄉念傷　　猛聽笛聲揚　　一句句斷人腸　　空勞寂寞
　　　轉悲傷　　動征夫淒慘恓惶　　聽悠揚清朗　　戰沙場
　　　枉惹離家況　　恨漫漫　　宿露餐霞　　怨聲聲　　**帶**
　　　月披霜

　　虞姬聽了士兵們恨漫漫、怨聲聲的思鄉心曲，湧昇同情共感，唱出她所見、所聽、所感的征戰之苦與軍士心聲。[50]【石榴花】常連用兩支自成簡套[51]，這裏的用法是符合慣例的。

---

[49]　〈荊釵記・前拆〉，《綴白裘》，第四冊，八集，頁 10、10、11、11。參考版本：《六十種曲》，第一冊，頁 262。

[50]　〈千金記・探營〉，《綴白裘》，第五冊，九集，頁 143、144。參考版本：

又如〈雙珠記・二探〉，增加王楫得知被判秋後處決，唱【祝英台】二支（事參商心悒怏）、（悽愴），哭喊天道不公，交代賢妻後事。[52]【祝英台】例用四支[53]，此處只填兩支，屬於舞台演出靈活運用。

〈琵琶記・花燭〉增加眾人同場唱單用沖場曲【神仗兒】一支（紗籠絳燭），傳蕩華筵醇酒、紅燭春光、齊唱賀曲的婚筵喜氣。[54]

還有〈連環記・賜環〉，增貂蟬唱南商調過曲【二郎神】（輕謳珠璣）一支，曲文內容是勸勉及時為樂，不必慕仙遊。【二郎神】言情細膩、耐唱耐聽[55]，是貂蟬筵席上唱給王允夫婦聽的「新曲」，王允聞後大悅，贈貂蟬白玉連環一只。[56]本牌通常用作首牌，連用兩支與其他曲牌組套[57]，參考版本只有一支，而《綴白裘》版添一成雙，恰合組套規律。

有時新增人物上場，會加曲牌供其演唱。如〈蝴蝶夢・撮墳〉在莊子與撮墳孀婦上場之前增加一段戲，演觀音大士、韋馱、四大天王、善才、龍女離開蓬瀛，來到人間。觀音大士擬變為撮墳孀婦，贈莊周齊紈，以點醒其妻。眾仙上場，同場唱增益的【一江風】前半章：

---

《六十種曲》，第二冊，頁 884。

[51] 洪惟助主編：《崑劇辭典》，頁 1436。

[52] 〈雙珠記・二探〉，《綴白裘》，第四冊，七集，頁 221。參考版本：《六十種曲》，第十二冊，頁 7160。

[53] 吳梅：《南北詞簡譜》，頁 672、洪惟助主編：《崑曲辭典》頁，1493。

[54] 〈琵琶記・花燭〉，《綴白裘》，第六冊，十二集，頁 7。參考版本：《六十種曲》，第一冊，頁 95。

[55] 吳梅：《南北詞簡譜》，頁 605。

[56] 〈連環記・賜環〉，《綴白裘》，第五冊，十集，頁 207。參考版本：《連環記》（北京：中華書局，1988 年 11 月），頁 32。

[57] 洪惟助主編：《崑曲辭典》，頁 1485。

　　　　離蓬瀛　乍過神仙境　靈種超凡聖　過神州　晉秦山河
　　　　須臾變做滄桑徑

　　莊子與搧墳孀婦的戲結束之後，觀音復領眾仙上，又同場唱【一
江風】後半章：

　　　　莊周已悟醒　莊周已悟醒　孽緣絆住行　將刀割斷紅塵性[58]

　　【一江風】不入套數，通常以一支或兩支用於齣首作角色上
場曲[59]。這裏將一支拆成兩段，包孕〈搧墳〉首尾，是劇場搬演
變化運用。

　　另外，〈荊釵記‧女祭〉多了一支【急三鎗】：

　　　　（錢流行）若說是葬魚腹　如何懺　如何度　經與咒　總
　　　　成虛　（王母）你在黃泉下　有誰來懺　誰來度　屈死得
　　　　最無辜

　　【風入松】、【急三鎗】套用常用於回溯往事[60]，這支【急三鎗】
由錢流行與王十朋母連唱，痛悼投水身亡的愛女／媳。[61]

---

[58]　〈蝴蝶夢‧搧墳〉，《綴白裘》，第三冊，六集，頁 135、140。參考版本：
　　　《山水鄰新出像四大癡傳奇色卷》，台北國立故宮博物院圖書館藏微片，頁
　　　一 a、四 a。

[59]　洪惟助主編：《崑曲辭典》，頁 1393。

[60]　回溯往事的情節由問答雙方唱【風入松】、【急三鎗】套，《綴白裘》可見的
　　　例子總共有〈千鍾祿‧搜山〉、〈兒孫福‧別兄〉、〈翠屏山‧酒樓〉、〈荊釵
　　　記‧女祭〉、〈琵琶記‧掃松〉五齣。此外，〈麒麟閣‧反牢〉也用【風入松】、
　　　【急三鎗】套，但並非用於回溯往事。有趣的是《麒麟閣》原作並沒有具
　　　體寫出程咬金等人反牢的情節，〈反牢〉是藝人根據原作程咬金等人反牢後
　　　探子的回報語全新編創的折子（詳第三章第一節）。後設地來看，「藝人編

　　舞台演出在不必然扣緊劇情的情況下，讓次要角色加唱時曲、俗曲，增加賣點、活絡氣氛。如：〈牡丹亭·勸農〉增農夫唱【山歌】一支[62]；〈鐵冠圖·夜樂〉歌妓唱【山東劉滾】、【雌雄畫眉序】[63]；〈占花魁·種情〉眾妓奉鴇母命到門口招接客人，妓女某唱了三支民間俗曲【剪綻花】給妓女阿四聽，曲文與劇情內容無甚相關。[64]

## 參、增插白、帶白

　　「插白」是插在別的角色唱詞中的賓白[65]，即某角色唱曲時另一角色插入賓白，也就是甲唱乙白；「帶白」是夾在唱段中的說白，[66]即唱曲者自己插入賓白，也就是自唱自說。

　　增入插白的例子如〈金雀記·喬醋〉，井文鸞早知丈夫潘安不告娶妾，假意吃醋，以言試之。《綴白裘》井文鸞唱【江頭金桂】時，每唱一兩句，潘安便插入賓白（加劃底線）：

---

創〈反牢〉也是「回溯往事」的動作，藝人或許體認到自己編創這齣戲的後設性，故採用【風入松】、【急三鎗】套。

[61]　〈荊釵記·女祭〉，《綴白裘》，第四冊，八集，頁 14。參考版本《六十種曲》，第一冊，頁 287。

[62]　〈牡丹亭·勸農〉，《綴白裘》，第三冊，五集，頁 134。參考版本：《六十種曲》，第四冊，頁 2022。

[63]　〈鐵冠圖·夜樂〉，《綴白裘》，第四冊，七集，頁 205。參考版本：《虎口餘生》，《古本戲曲叢刊第五集》影印發行（不著出版資料），卷四，頁 18ab、19ab、20ab。

[64]　〈占花魁·種情〉，《綴白裘》，第五冊，十集，頁 216、216、216。參考版本：《李玉戲曲集》，上冊，頁 265。

[65]　吳新雷主編：《中國崑劇大辭典》，頁 519。

[66]　吳新雷主編：《中國崑劇大辭典》，頁 518。

（旦　井文鸞唱）休得要喬裝行徑

（小生　潘安插白）*那金雀有個原故吓！*

（井文鸞唱）金雀當年婚訂　得諧雙姓　縮紅絲　牽定盟

（潘安插白）*夫人取來，待下官再看看。*

（井文鸞唱）我與你鴛鴦交頸　連枝同並

（潘安插白）*夫人，今日重逢，合當歡喜。*

（井文鸞唱）只合氣求相應　共享安寧

（潘安插白）*夫人說的是。*

（井文鸞唱）如何覷旁枝　覓小星

（潘安插白）*夫人太多心了，下官哪有此事？*

（井文鸞唱）你言清濁行

（潘安插白）*並無濁行*

（井文鸞唱）虧心短行

（潘安插白）*有甚短行？*

（井文鸞唱）你還要語悻悻

（潘安插白）*何曾饒舌？*

（井文鸞）走來

（潘安）*在*

（井文鸞唱）這詩題絕句（指書介）伊誰寄？

（潘安插白）*阿呀，好奇怪！怎麼這書也在夫人處？*

（井文鸞唱）雀解雙飛卻怎生？（擲書介）

　　夫妻倆一唱一白，互動立即而頻繁，暢盡盤夫喬醋的情味。若依原著搬演，井文鸞唱了這麼一大段，而私娶小星、擔心事情露出

破綻、太座光火的潘安卻沒有立即回應、粉飾遮蓋、裝傻否認，豈非成了太座訓話，還有甚麼戲味可言？[67]

《綴白裘》增帶白的例子如〈繡襦記‧剔目〉，鄭元和目睹李亞仙用鸞釵剔損鳳眼後所唱【玉交枝】後兩句：

> （鄭元和唱）見涓涓血流如泉湧 滯滯卻把衣襟染
> （增帶白）*大姐，小生在此看書，子曰「《易》其至矣乎？夫《易》聖人所崇德而廣業也」*
> （鄭元和唱）今始信望眼果穿 好教人感傷腸斷
> （增帶白）*大姐甦醒！小生在此看書，子曰：「君子之道，或出於處，或默或語。二人同心，其利斷金，同心之言，其臭如蘭」* [68]

原著中，鄭元和只在全曲唱畢後喊了一聲「阿！大姐甦醒！」，情理乏味枯淡。增入帶白之後，顯出李亞仙的自殘手段立即發生作用，真是快又有效：刺激鄭元和七手八腳止血、急救、嘴上還一邊背書，一瞬也不敢怠惰了。而這句「二人同心，其利斷金，同心之言，其臭如蘭」，既是書上的文句，又同時是剔目勸學事件給鄭元和帶來的的領悟，以及此刻起，鄭、李關係之新註腳，多出來的帶白與曲文、情節承注縮合，了無限隔。

總之，《綴白裘》多出來的的插、帶白幫助觀眾理解曲文、認識人物、深入衝突，還有助於在唱曲的同時興生作表。

---

67 〈金雀記‧喬醋〉，《綴白裘》，第四冊，七集，頁 61。參考版本：《六十種曲》，第十冊，頁 5009。

68 〈繡襦記‧剔目〉，《綴白裘》，第六冊，十二集，頁 153。參考版本：《六十種曲》，第七冊，頁 4093。

## 肆、增情節

修編時加入一段情節，深入人物的精神心理、動機行止，推拱情節的衝突高潮、觀賞焦點，騁發文本的思想情韻、旁異觀點，提昇戲劇表現力。如〈獅吼記・跪池〉演陳慥唯恐東坡惹事，請東坡速速離開，《綴白裘》多了一段東坡不配合，起意勸諫的情節：

> （外　東坡）且慢，待我再說他幾句。
>
> （小生　陳慥）子瞻不要連累我罷。
>
> （東坡）不妨，有我在此。尊嫂。
>
> （東坡）娘子，子瞻還有話說。
>
> （貼　柳氏）還有什麼話說？
>
> （付　家院暗上聽介）
>
> （東坡）季常此後再不敢戀酒貪花了。
>
> （柳氏）好！說了半日的話，只有這句話說得中聽。
>
> （家院上）那說？
>
> （柳氏）快烹好茶來與蘇老爺吃。
>
> （家院）是哉。阿是蘇老爺說個句說話中聽了？等我拿茶出來。（下）
>
> （東坡冷笑介）下官也有一句說話聽的麼？
>
> （陳慥）娘子，子瞻是極通理的　。
>
> （柳氏）嘖嘖！就來了！

　　東坡本欲上前勸諫，沒想到面對悍婦柳氏，也不禁軟怯三分。陳慥更是有先見之明，一開始就懇請摯友千萬別捋虎鬚，免遭連累，招引難料之後果。旁觀者家院的窺探、幫贊，放大了戲劇的表現力，讓觀眾及東坡更清楚：這個家裡的上下乾坤之道是與眾不同的。舞台演出加了這段情節，精準地展演人物的關係、全齣的題旨、關目的氣氛。[69]

　　又如〈繡襦記‧當巾〉，劇譜李大媽帶著李亞仙人去樓空，鄭元和遍尋不著，只好先到附近酒館住一宿，打算翌日再去找李大媽的結拜姊妹賈二媽（假二媽）打聽下落，《綴白裘》增加了一小段鄭元和向客棧掌櫃探訊的情節：

（鄭元和）店家，可認得李大媽麼？
（淨　客棧掌櫃）大麥沒得個。
（鄭元和）鴇兒吓！
（客棧掌櫃）包子賣完哉。
（鄭元和）不是，李亞仙吓。
（客棧掌櫃）海鮮我里革裏弗賣個
（鄭元和）咳！是妓女吓！
（客棧掌櫃）個歇程光，囉里還有鯽魚？

　　「大媽」聽成「大麥」、「鴇兒」聽成「包兒」、「亞仙」聽成「海鮮」、「妓女」聽成「鯽魚」。耳背的客棧掌櫃簡直就是《紅樓夢》第二回中賈雨村在智通寺遇到的那個既聾且昏、齒落舌鈍，答非所

69　〈獅吼記‧跪池〉，《綴白裘》，第三冊，五集，頁170。參考版本：《獅吼記》（台北：天一出版社，不著出版年），卷上，頁16a。

問的老僧；鄭元和此際的境況無疑就像智通寺門旁那副對聯寫的：
從「身後有餘」淪跌到「眼前無路」！客棧掌櫃答非所問的「諧音
物」（大麥、包子、海鮮、鯽魚），看似與鄭元和的問話風馬不接，
博得觀眾解頤捧腹之餘，內裏卻也裝裹著一層砭刺：可欲的女子恰
似可欲的食物，但此時此際它們都不賣、賣完、不存在了。掌櫃的
最後一句話快決地揭露實情：這個時候，哪裡還有鯽魚（妓女）！
不是早就溜了嗎？

　　在原作中，身無分文的鄭元和當給店家的是他身上的衣服，客
棧掌櫃也寬惠地接受，可見這身衣服還值一點錢，情況不是頂糟
的，顯然挖苦得不夠徹底。在《綴白裘》版，鄭元和的慘頓迍厄可
真是到了極致，他身上連可以當的值錢衣服都沒有了，窮到只能當
一條不值錢的網巾：

　　　（鄭元和）不是吓，相公我今日出門得早，卻不曾帶得銀錢，
　　　把這網巾當在此，明日我將銀錢來取。
　　　（淨　客棧掌櫃）個頂網巾也弗值一錢銀子吓。
　　　（鄭元和）蠢才！網巾小事，你看嘘看嘘。
　　　（客棧掌櫃）看僖？
　　　（鄭元和）這兩條網巾繩子是李亞仙親手打的嘘。
　　　（客棧掌櫃）個毪養個，是痴個！喂！夥計，網巾一頂押一
　　　錢銀子。等我來作樂作樂俚列介。

　　到此際，鄭元和猶將李亞仙親手打的網巾當成重要財物，《綴
白裘》版以具體的物件傳達鄭元和沉酣未悔的癡情。[70]

――――――――――――――
[70] 〈繡襦記‧當巾〉引文見《綴白裘》，第五冊，十集，頁 69、69-70。參考

　　《綴白裘》中增加情節有一常見的現象，就是發掘曲文的戲劇性潛質，在曲唱中間增加情節。如〈義俠記・戲叔〉，在潘金蓮唱的【五更轉】一曲間，加入金蓮的誣告與武大的回應（加劃底線部分）：

> （貼　潘金蓮）【五更轉】只為你那蠢殺才不爭氣！
>
> （丑　武大）住子！吽個樣女娘家弗知嫌足，嫁著子我堂堂一軀個武大官人，有僋蠢？吽看我要上就上，要下就下，爹頭狼能介拉里，有者弗爭氣？弗要說別樣，吽看我個兩根狗嘴髭鬚，有羅個生得出？
>
> （潘金蓮）累奴家吃負虧！
>
> （武大）吃子羅個個虧？一定是鄉鄰人家哉，等我去罵個星毬養個。吠！南北兩橫頭，羅裏個星烏龜花娘欺瞞我里家主婆？武大官人弗是好惹個噓，等我賣落子餅担搭哩打一場興官司！
>
> （潘金蓮）進來。你罵那個？
>
> （武大）我拉里罵個星鄉鄰欺瞞我里家主婆！
>
> （潘金蓮）鄰舍人家誰欺負老娘？
>
> （武大）介勒羅個欺吽？
>
> （潘金蓮）情知，只有武二來家裏。見他冒暑歸來，備些酒漿茶水。
>
> （武大）無茶有水，是娘個好意。
>
> （潘金蓮）可是好意？

版本：《六十種曲》，第七冊，頁4056-4060。

（武大）_一團好意，個個蠢才無竅，弗曉得個，以後那介？_

（潘金蓮）誰想他太不仁，將奴戲！

（武大）_吶！吶！吶！將奴戲，將奴戲，放子吓丒辣騷猪婆黃胖甕濃宿篤狗臭尼！我里二官人正直無私，弗是個樣人；吃酒打老虎是哩個本等。況且我里兄弟還是童男子，阿弗曾出個來。從來不聽婦人言。塞聾子耳朵，弗聽見，弗聽見。_

（潘金蓮）_大郎阿！_也無顏在此，必要遷居矣。

（武大）_便是個一個兄弟，要住拉屋裏個。_

（潘金蓮）若要兄弟全居，_也罷_　還我休書一紙！

　　加入的情節先是演武大對妻子「不爭氣」的抱怨，回應一段違離實情的自誇，灑佈反差諧趣。或許鄰居們平日常欺負武大，故而他一聽到愛妻訴苦，馬上聯想到欺負愛妻的定是這些平常欺負他的人，還沒弄清楚，就掄起餅担要去興師問罪。這一段先鋪陳武大沒有自知之明又躁進的性格，做為他難敵潘金蓮的基礎。潘金蓮說出是親兄弟調戲後，武大否認拒聽，堅持兄弟還是得同住，可知他並非愚蠢至極，還是個珍視手足情誼的兄長。也因此，潘金蓮才需要咄咄逼進，《綴白裘》這裏多出來的情節，將武大的形象塑造得更加生動、親切。[71]

　　《綴白裘》增加的情節，或塑造人物、或闡發題旨、或籠覆氛圍、或開展戲劇性與娛樂效能，使情趣的完足縱深得以開掘、縣貫，大大提昇審美效果。此類實例繁夥眾多，本節僅以三例明其概，餘者將在第四、五兩章援引討論。

---

[71] 〈義俠記‧戲叔〉，《綴白裘》，第二冊，四集，頁181。參考版本：《六十種曲》，第十冊，頁6156。

　　「分合」、「改易」、「刪汰」修編後的人物、情節、主題大致上還是統攝於原作設定的基調。但「增益」修編則有些許不同，台本增益情節後，在主題、情調、人物形象、表演重心等方面，與墨本呈現或大或小的歧異，可以說劇作文本的視景有了不同程度的抉發與深化。

# 第三章　《綴白裘》的編創

　　《綴白裘》有些折子的情節增枝添葉或的幅度非常大，有些甚至是梨園表演家憑空結撰，這類折子已經超過「修編」的層次，創作的成分大增，實為「編創」。本章第一節討論這類折子。

　　第二節分析性質特殊，又多數是梨園表演家新創的下場式。

## 第一節　編創情節

　　《綴白裘》所收錄的崑腔折子戲當中，有十三齣折子是梨園表演家編創而成，這十三齣折子依據它們與原作文本的關係又可分為擴充、補述、稼接三類。

### 壹、擴充類

　　擴充類是「有仍有增」的編創情形：「仍」指的是保留原作的核心題旨與情節走向，「增」指的是《綴白裘》加入了大段的表演內容。也就是在原作的主旨情節之上大幅增加表演內容。屬於這一類的折子有〈繡襦記・收留〉、〈繡襦記・教歌〉、〈西廂記・遊殿〉、〈西廂記・著碁〉四齣。

　　〈繡襦記・收留〉據《繡襦記》第二十六齣〈卑田救養〉編創，〈卑田救養〉劇譜東肆長尋到鄭元和的「屍首」，裹以葦蓆，準

備買棺殯殮之。東肆長走後，隨後來的卑田院甲長（揚州阿二，淨應工）發現蓆中人一息尚存，認出是鄭元和，於是將他馱回醫治。

《綴白裘》版刪去東肆長上場一段，將全幅筆力集中在揚州阿二身上。

揚州阿二上，唸上場詩「跣足蓬頭破納花，左提竹杖右提蘿，寒來怕見朔風面，只為飢寒沒奈何。」，自報家門，接著唱【光光乍】一支（教化頭少慮憂）。他的上場詩、自報家門、【光光乍】都是原作沒有，梨園表演家編創的。

唱畢，阿二撞到裹覆鄭的葦蓆，貪念頓起，想把「死者」腳上的一雙好鞋子剝下來換酒吃。這個改動精準出色！風雪餓丐，第一個閃現的念頭絕對不會是原作中「救人一命勝造七級浮屠」的慈悲心。舞台演出抓住「餓丐貪念」這個戲劇動機，採用「作波相生」的手法往下編演：阿二剝鞋的動作，無意中驚「動」僵死的鄭元和。死人復活，逗引阿二的好奇心，刻意撥認「他」的身形面貌。經過一番尋思，才想起眼前就是前日天門街上賭唱歌詞，人人喝采個個道強的鄭元和！

一波接著一波，阿二同時猜測鄭元和可能的「死因」——「不學好，被作官的老子扯回去打殺了」。接著阿二尋思：「我想人是無恆用個！」，看樣子這個人沒救了，似乎想棄之不理。阿二轉念，並不馬上展開「收留」這個主要動作，這是高潮之前的低抑，營造跌宕懸疑的戲劇情調。

　　接下來阿二唱原作的【洞仙歌】，《綴白裘》版修改第一句帶白、加入第二、三句帶白，將原作的把脈動作修改為探鼻息，並加最後一句曲詞（修改、增加部份畫底線）：

　　（揚州阿二唱）【洞仙歌】我朝聞楚歌詞，日暮身亡矣。
　　（帶白）*我想那死人心頭是冷個，活人心頭是熱個，待我摸個毿養個一摸。咳！我揚州阿二死貓死狗也是弗怕個嚄。（摸介）*
　　（唱）試摸他胸口溫和。（帶白）*（唉）他的口內微微氣。前日東肆長有了鄭元和，贏了兩萬貫錢。我如今呵！*
　　（唱）悄地裏，馱回還將藥石醫。
　　（帶白）*我卑田院裏有子小鄭個毿養個，弗是我揚州阿二誇口說：*
　　（唱）我這回不怕無生意。
　　（帶白）*待我叫醒他。鄭元和！鄭元和！*
　　*（小生）阿呀！*
　　*（阿二）個毿養個，還想在李亞仙床上作嬌聲哩！呔！我是來救你的。*
　　（唱）低聲喚醒元和，馱回院裏教歌。
　　（帶白兼下場式）*正是：救人一命，勝造七級浮屠。毿養個，今日嫖，明日嫖，嫖得身體輕飄飄！閒點，馱嫖客來哉，馱嫖客來哉。（馱下）*

　　修改的後的第一句帶白「我揚州阿二死貓死狗也是弗怕個嚄。」乃是壯膽式的自說自話，在方才「我想人是無恆用個！」的波谷之

後捲動新一波浪：壯膽摸一下死屍，確認是否有利用價值，又沒啥損失，再怎麼可怕，沒有跟發財的機會過不去的。第二句新增的帶白：「前日東肆長有了鄭元和，贏了兩萬貫錢」又是一波新浪，緊扣風雪餓丐腦中盤旋的賺食念頭，推動本劇的高潮目標：收留救治。不只如此，《綴白裘》的演法還別出心裁，加上「賣雞蛋的女孩」式的浪頂浮沫——第三句新增的帶白：「卑田院裏有子小鄭個徛養個，弗是我揚州阿二誇口，我這回不怕沒生意」，似乎成功發財就在眼前！

第四段帶白末句：「呔！我是來救你的」，推測應該是鄭元和迷迷糊糊以為亞仙來救／就，勾著阿二做狎膩的動作。這一小動作尋附舊瀾前波，點出鄭元和乃是中了煙花計，方有如此下場；順勢激揚出下場式「今日嫖，明日嫖，嫖得身體輕飄飄！開點，馱嫖客來哉，馱嫖客來哉。」餘意不盡的浪頭。[1]

〈繡襦記・教歌〉據原作第二十八齣〈教唱蓮花〉編創，演卑田院甲長蘇州阿大和揚州阿二經過一番爭執，決定命鄭元和去當叫化。《綴白裘》多了一大段發揮淨、丑唸功、作功的逗趣「示範教學」。鄭拜揚州阿二為師父，蘇州阿大為師伯，師父阿二先教鄭元和「伏虎韜」：弄猢猻，沒想到猴子已經被阿大吃了，只好由阿大學猴子當活教具讓阿二耍。這齣戲的亮點之一便是看蘇州阿大在長板凳上學猴步、翻觔斗的功夫。同時，這節課程阿二也要展示嘴皮功夫，唸一段要猴兼行乞的長詞：

---

[1] 〈繡襦記・收留〉，《綴白裘》，第二冊，四集，頁 239-241。參考版本：《六十種曲》，第七冊，頁 4071-4072。

小小猴兒奔深山，毛長腳又彎，不將辛苦易，跳圈也不難。
做個常流水，滿担挑，富貴人家走一遭。

八十公公是老年，手扳花樹淚漣漣；花開花謝年年有，人老
何曾再少年？

喲！打觔斗、打觔斗！一個不算數，兩個湊成雙。再打一個。
店家，開開手，養個兒子做小丑；打發得快，一年四季多
買賣。

又要唸又要做，鄭元和嫌「伏虎韜」太難，於是換蘇州阿大教
一招「降龍韜」：弄蛇。阿大教的這招「降龍韜」須踩踏三分醉步、
懸握掩匿靈蛇，配合「求大官人打發」的唸詞：

朝南門面向陽開，店官娘子好像活招牌；三日糶子二升米，
兩日賣子一菢柴，厘戥盤裏灰塵起，酒缸蓋浪子起子青衣
苔。黃胖店官默默坐，竈毛洞裏爬出個死貓來。大官人，打
發，打發。

這段唸詞「訴求」的對象是做生意的商家，所以要「下重鹹」：
手中蛇有半脅迫意味，口中詞有半詛咒意涵！

質賦怯弱的書生鄭元和當然不可能學會這狂率踉蹌的惡丐
習態。

硬的學不成，阿二只好教軟的第三招：削金板——跪在磚塊上
瘝著喉嚨叫餓求告。必要的時侯，還要偽裝瘖啞博取同情，豈知鄭
元和不擅偽裝，一下子就穿幫了。

　　阿大、阿二見孺子不可教，請鄭走路，鄭元和再次懇請收留，表示可以唱【蓮花落】乞錢，師父阿二命鄭元和試唱，一唱之下果然證明他是個強爺勝祖的教化料。

　　《綴白裘》的〈教歌〉曲牌、情節、主旨沒有超溢原作圈劃的範圍，但增加雜技以及口白唸誦的表演，娛樂性大為提高。[2]

　　〈西廂記・遊殿〉據《南西廂》第五齣〈佛殿奇逢〉編創，劇譜小和尚法聰帶領書生張珙參觀普救寺，原著曲牌保留，情節大抵也依遵原作[3]。

　　《綴白裘》的〈遊殿〉，首先由普救寺知客僧法聰上場自報家門，法聰一上場就先聲奪人，告訴觀眾自己酷好男風、偏愛女色、嗜吃酒肉、無心參禪、胡亂拜懺。觀眾馬上對這齣戲的新主角法聰有了「清楚」的認識──當然也因此掌握本齣詼諧挖苦的調性，張生才上場，來到普救寺。

　　編創的大段情節圍繞在法聰身上，兩人見面之後，法聰先在張生的姓氏上面做文章，說姓張的有戴紗帽的張居正、頂盔貫甲的張飛、戴道冠騎老虎的張道陵、白鬍鬚戴氈帽的張別古等許多歷代名人。又拿張生的名（珙，王家之珙璧）字（瑞，席上之奇珍）、籍貫（洛下多才子）大加吹捧，日後一定中狀元……展現知客僧「以客為尊」的乖滑口舌。

---

[2]　〈繡襦記・教歌〉，《綴白裘》，第五冊，十集，頁 77-87。參考版本：《六十種曲》，第七冊，頁 4073-4075。

[3]　有細部改易：其一，法聰上場原唱仙呂宮過曲【光光乍】（假持齋做長老）一支，改為黃鍾宮過曲【賞宮花】（和尚出家）。其二，將法本長老「師父動情要開徒弟的聰明孔」諷刺和尚不守清規好男風的詩，改為師徒各自賦詩一首，師父的詩講閨女出嫁哭哭啼啼，法聰的詩形容交頸後歡歡喜喜。

　　兩人從山門外遊進來，匾額、四金剛、放生池，沿途各景點法聰皆鋪采誇言以逗樂解頤。[4]

　　接著一路瞻寶塔、繞遊廊、參羅漢、拜神明，來到法堂前，猛然撞見鶯鶯與紅娘，進入〈遊殿〉的高潮情節。

　　《綴白裘》還是以法聰為主，派給他不少逗趣的科諢，比如在揭示兩人姓名、身分、來歷之前：

> （二旦下）（小生　張生揖介）阿彌陀佛。
> （付　法聰將扇柄戲小生臀介）插介一箍線香。
> （小生）吓！首座，你可看見觀音出現？
> （法聰）嚼蛆連片！小僧在此出子七、八十年個家
> （小生）敢是七、八年？
> （法聰）正是十七、八年吓，從弗看見什個觀音出現。相公
> 　頭一遭來就看見哉！

　　見張生稱佛作揖，法聰將扇柄戲張生臀，說是插香，又拿出家年資大灌水，再次灑佈頑皮嬉鬧的諧趣。

　　又如鶯鶯正面與他們「撞見」，唱：「將輕羅小扇遮羞臉」後轉身下場。場面有點乾，法聰馬上出來搶戲，模仿鶯鶯小姐的情態，也跟著唱了一句：「褊衫大袖遮花臉」，氣氛頓時活絡了起來。

---

4　如放生池一段，法聰故弄玄虛，告訴張生池內養了好幾種稀奇生物——有頭無腳的、有腳無頭的、有頭有腳的、無頭無腳的。張生／觀眾一時無法領會，都給吊住了胃口，想趕快知道池內到底養了些什麼怪物，法聰立即抖出包袱：有頭無腳的是鰻、鱔；有腳無頭的是蟹、蟛蜞（一種小蟹）；有頭有腳的是甲魚、烏龜；無頭無腳的是蚌、蛤蜊。此段情節明末戲曲選本《醉怡情》已有，《綴白裘》時代的藝人沿用。

再如鶯鶯離去之後，張生宣稱鶯鶯對他「眼角留情」，法聰不信，張生舉證，模擬鶯鶯的腳蹤：

> （張生）你看，蒼苔上這一步是去的，那一步也是去的，這一步一勾，勾將轉來腳尖對腳尖，深有顧盼小生之意。

書生模擬閨門嬌女轉盼的作表，已經夠令人發噱的了，沒想到頑皮的法聰也喬張作致跟著模擬：

> （法聰）和尚雖是麥鬼，等我也來模擬模擬，方才小姐這一步是去的。
> （張生）不要踹壞了。
> （法聰）弗番道個納衣不也是去的。這一步一勾，勾將轉來腳尖對腳尖。甚有顧盼小僧之意。
> （張生）小生。
> （法聰）小僧！
> （張生）是小生！

花臉和尚模擬「旦」，或者說，花臉和尚模仿「小生」之模擬「旦」的嬌弱婉孌，怎不令觀眾撫髀大樂？

〈遊殿〉下場式刪去張生商借空屋以便溫習經史的對話，改成法聰請張生轉來，殷殷叮囑張生明日再來看「觀音」（崔鶯鶯）。張生去後，法聰自嘆看女客的本事遠不如張生精妙講究。

〈遊殿〉沿途各景點法聰皆鋪采誇言以逗樂解頤，整齣看下來，可知編創的情節觀演重點在「付」角法聰的口白功夫和表情作功。梨園表演家大幅編創，讓〈遊殿〉成了崑劇付腳的看家戲「油

胡蘆」(〈西廂記・**遊殿**〉、〈水滸記・活捉〉、〈躍鯉記・蘆林〉三齣戲標目首字諧音)之一。[5]

〈西廂記・著碁〉據《南西廂》第二十三齣〈乘夜踰垣〉後半齣編創,劇譜崔鶯鶯要和紅娘丫頭在亭內下圍棋,張生跳牆進入後園,紅娘以碁枰引張生進入。主僕兩人對弈,紅娘屢屢用雙關語試探小姐,碁局結束後,紅娘收碁離去。張生出見鶯鶯,鶯鶯得悉紅娘知情,態度驟變,喊紅娘捉賊,佯稱要扯張生見老夫人,經紅娘說情,饒了張生。這齣戲的前半段鶯鶯與紅娘對弈的情節原作並沒有,是舞台上的全新手筆。

首先是鶯鶯與紅娘丫頭關於棋藝知識的問答,接著,正式進入棋局,兩人手下之攻防,口裏之往來,表面上是進行眼前的棋局,實際上則是雙關到鶯鶯「夜園私會」的深層態度。

這段情節鶯鶯的唱詞:「引入門來,便與單關,卻怕他沖開打斷也」、「碁中有機密」、「謹關防,卻被那人先覷」,雙關她暗示張生來會,卻不想讓紅娘知曉的心念。

剛開始幾手,紅娘居下風,故機帶雙敲:「紅娘不敢與小姐相對,待我喚一個來與小姐相對如何?」,又雙關地唱「只圖兩下相黏住」,透露她願意成全撮合。這下引動鶯鶯的防衛心,大小姐終究是面薄的:「怎當得他人急遽提?」,紅娘明示自己的態度:「你休猜忌,待紅娘作眼引入其中,今宵不枉會佳期。」,鶯鶯萌興懷疑:「雙關語可疑」、「我把你一敲,打作兩段!」。

---

[5] 〈西廂記・遊殿〉,《綴白裘》,第四冊,七集,頁160-176。參考版本:《六十種曲》,第三冊,頁1441-1445。

鶯鶯偷下一着，紅娘雙關地唱：「暗中行何事？對奴明語。」，鶯鶯冰雪聰明，猜到紅娘勘破箇中機關，回說：「我恨你不過，點瞎你的眼」。紅娘快利地回嘴：「紅娘的眼終不被你點瞎」、「我一雙好眼、好眼常看你」。適巧抓到鶯鶯偷棋子，紅娘擺明了唱：「你倒做了偷碁犯着的。」。鶯鶯「偷著做」被抓到把柄，軟怯認輸：「吓！紅娘，我只為下你不過，故此偷起這一着」，明白表示自己此時的心理障礙其實是在紅娘。紅娘乖覺，立即表態：「須尋一個對手，兩下裏和平，不枉會佳期。」。

可惜接下來紅娘不了解鶯鶯小姐內心的千折百轉，她得意忘形了：「小姐，你下了這一着，是輸了。」，話說到這份上，當小姐的實在無地自容，心生反悔：「不算，要悔這一着」、「一定要悔的」、「這一着今夜必然要悔的」。即使紅娘極力挽回：「今宵下定如何悔？」，還是不能勸轉鶯鶯：「一定要悔」、「早回身、莫待悔時遲」，鶯鶯堅決地命紅娘收棋下。嗣張生出見，說出紅娘已知情，迅速推動鶯鶯「悔棋／悔期／毀期」的決定。

這齣戲表演方面最為人稱道的，是張生跳牆後走矮步以及紅娘以棋枰遮擋的舞蹈動作。戲理的敷演方面，巧妙運用主僕弈棋的攻防往來，雙關情思的揭露與折轉，為原作〈乘夜踰垣〉後半齣鶯鶯驟然變卦的情節，鍛鑄具有解釋力的心理依據。

綜上所述，〈繡襦記・收留〉、〈繡襦記・教歌〉、〈西廂記・遊殿〉、〈西廂記・著碁〉四齣擴充類的折子，在原作的題旨與情節基準線內，一方面從戲情戲理的面向抉發人情物理之幽微，一方面嵌配雜技百戲、說嘍講唱、身段做功等表演藝術，搏造圓該奇卓的藝術魅力。

## 貳、補述類

補述類是利用劇作中本來就有的內隱或外顯線索，編創一齣新折子，若把編創的新折子和同一本劇作摘演的其他折子串起來演，故事有頭有尾，更加完整。

《綴白裘》補述類的折子計有〈麒麟閣・反牢〉、〈義俠記・服毒〉、〈紅梨記・解妓〉、〈雙珠記・天打〉、〈精忠記・秦本〉五齣。

〈麒麟閣・反牢〉演程咬金、尤俊達等因劫奪皇綱，被關在歷城縣監獄中，禁子柳周成，趁蕭王老爺誕辰、獄官點開監牢、人犯敬酒叩壽的機會，求獄官鬆開程、尤等人枷杻。接著眾人唱曲，伴獄官飲酒消遣，獄官心防消卸而與眾犯同樂。程咬金、尤俊達趁此良機放火反牢，投奔黃泥崗。

李玉《麒麟閣》傳奇並沒有具體寫出反牢過程，只在第一本卷下第三十二齣〈報反〉提到濟州府的探子趕來向王府殿前十二太保賀芳報告：程達、尤金二賊乘機越獄、劫庫、放火，反入瓦崗寨去了。這齣是藝人根據探子所報告的程、尤反牢消息創編的。全劇有六支崑腔曲牌和一首俗曲，六支崑腔曲牌是：皂隸獄官上場合唱【好姐姐】（奉命向虎頭門點獄囚）、獄官祝壽唱【風入松】（虔誠頓首爇名香）、眾囚犯上場唱【急三鎗】、（犯王法遭三木）、眾囚犯求鬆枷唱【風入松】（雖然作事犯王章）、眾囚犯向獄官敬酒唱【急三鎗】（我這裏獻金樽）、逃獄之後眾好漢唱【風入松】（煞時間脫離了這牢牆），劇情與六支曲牌都是全新編創。囚犯們鬆杻之後，另有【姑娘腔】一支，乃是招採俗曲插入：

（眾唱）高高山上有一家，一家子生下姊妹三：大姐叫了呀咱咘，二姐叫了咘呀咱。

（浪腔介）只有三姐沒得叫，叫他田裏去摘棉花；放著棉花不肯摘，倒在田裡去採甜瓜

（浪腔介），大的採了無其數，小的採了八十三。

（浪腔介）吃得肚子斗來大，順著田溝這一耙，放了一個留屁，好像人家吹喇叭。

（浪調介）（付　獄官）好吓！（笑介）我老爺也會唱

（眾）好吓！老爺也會唱？

這個唱段應該有眾人的「群舞」表演，因而吸引獄官忘情地加入舞隊，接唱後半段：

（獄官唱）娘娘廟造得高。夫妻兩個把香燒：或男或女生一個，我與娘娘掛紅袍。

（浪介）小棗兒本在樹上結，青枝並綠葉。磞硨的兩頭尖，相思兩下結。咬一口，香噴噴，吃在嘴裏甜蜜蜜。叫丫環，忙把香案設，禱告蒼天拜明月。二郎爺，本姓楊，身穿鴨蛋黃，手執彎弓銀彈子，梧桐樹上打鳳凰，打一個不算數，打下兩個湊成雙。有心再來打幾個，恐怕舟山趕太陽。（浪介）

《綴白裘》不厭其煩提示演唱時要「浪腔介」、「浪調介」、「浪介」，可見不但曲唱要耍腔，肢體動作更是大膽奔放。整體看下來，〈反牢〉這齣戲的編創不只在於補述程、尤放火反牢逃獄投崗的過

程，舞台上的表演與欣賞重點在眾人飲酒作樂、載歌載舞唱【姑娘腔】的歌舞狂歡場面。[6]

〈義俠記‧服毒〉演潘金蓮鴆夫事。

首先上場的是販賣生藥材的客商，客商唱【玉抱肚】一支（來從東廣。把藥材到陽穀販行），自述到藥舖及王婆的茶坊都找不到西門慶，續往章台楊柳處再尋。這個段落出自《義俠記》原作第十六齣〈中傷〉，〈中傷〉舞台表演析分為二，前大半齣的主要情節與原作第十四齣〈巧媾〉捏合，是為〈捉奸〉；後面王婆與潘金蓮的幾句對話則被梨園表演家敷演為〈服毒〉。

原作〈中傷〉在武大捉姦前安排廣東客商上場找西門慶銷賣藥材實是敗筆，舞台演出的做法是將客商賣藥這一小段由前往後挪移，放到〈服毒〉齣首。挪移之後，〈捉奸〉的抓姦過程益為搶忙攘迫，流暢緊密；而〈服毒〉也在一開始就獲得「點題」：藥——武大最終死於鴆藥，這番調動相當出色。

〈服毒〉客商下場後，接演這齣戲的主要情節：王婆買得砒霜，煎好藥，潘金蓮騙武大說這是治療他心疼的藥，灌食之後，武大毒發身亡。王婆指點金蓮假意大哭，又趕去西門慶處報喪，下場前，金蓮囑咐王婆約西門慶今晚早點來會。這齣戲的情節是藝人根據原作第十六齣〈中傷〉末尾王婆慫恿金蓮鴆殺親夫的幾句話編創。又，武大死後，王婆、金蓮合唱【尾聲】（拔出眼中釘），這支【尾聲】也是梨園表演家編創。

---

6　〈麒麟閣‧反牢〉，《綴白裘》，第四冊，七集，頁 41-42。

　　〈服毒〉是潘金蓮故事的關鍵情節，《義俠記》作者沈璟譜劇以「風世」為前提[7]，鳩夫一事有違善良風俗，所以只在第十六齣〈中傷〉末尾王婆慫恿金蓮的話語中帶出，第十七齣〈悼亡〉就直接跳到武松悼兄了。

　　考察戲曲選本可知，最早選刊《義俠記》折子的戲曲選本是明天啟年間的《萬壑清音》，選了〈武松打虎〉一齣。崇禎年間出版的《怡春錦》選刊〈巧媾〉，這是潘金蓮故／情事最早被選刊。此後，在戲曲選本中凡有《義俠記》必選潘金蓮情事，如《玄雪譜》〈調叔〉、〈說風情〉兩齣，《增訂珊珊集》選〈調叔〉一齣，《樂府遏雲編》選刊〈打虎〉、〈調叔〉兩齣，《樂府歌舞台》選〈誘叔〉一齣，《歌林拾翠》選刊〈武松打虎〉、〈金蓮誘叔〉、〈挑簾遇慶〉、〈王婆巧媾〉四齣。從戲曲選本的選齣這個角度來看，潘金蓮故／情事凌駕主角武松，成了《義俠記》的觀演焦點。到了乾隆中期《綴白裘》時代，選刊〈打虎〉、〈戲叔〉、〈別兄〉、〈挑簾〉、〈作衣〉、〈捉奸〉，更編創〈服毒〉，七齣串貫起來讓潘金蓮故／情事這條情節線首尾俱全，益加完整。[8]

　　〈義俠記‧服毒〉、〈麒麟閣‧反牢〉兩齣都還有外顯的前後文線索──王婆的慫恿、探子的回訊──作為編創依據，但是〈雙珠記‧天打〉、〈精忠記‧秦本〉、〈紅梨記‧解妓〉三齣卻沒有任何外顯線索作為依據，乃是梨園表演家掘發原作內隱的劇情脈絡，回應觀眾的價值期望、審美認同憑空結撰的。

---

[7]　東海鬱藍生：〈《義俠記》序〉，《中國古典戲曲序跋彙編》（山東：齊魯書社，1989年10月），頁1206-1207。

[8]　〈義俠記‧服毒〉，《綴白裘》，第四冊，八集，頁221-224。

　　〈紅梨記‧解妓〉前情是說王黼向金邦求和，王黼奉上傳國玉璽、金珠綵緞、百二十名女妓給金相。〈解妓〉依據前情敷演，首先由金相麾下將士哈兒達撒上場，唱【點絳唇】（生長金邦）一支、唸上場詩、自報家門，說明此行目的是押解眾歌妓入「金」。接著，四名歌妓（三旦一丑應工）、四名馬伕一同上場，展開歌舞並作的北進行程。

　　〈解妓〉連同【尾聲】共唱了六支曲牌，六支都是四妓同場齊唱：上馬出發之前，唱【粉蝶兒】（去國離家），表露焦急驚嚇、被迫離家的徬徨。

　　啟程之後唱【泣顏回】（回首盼京華），唱出奔走天涯、滿面塵沙之苦楚。其後接唱【上小樓】（俺可也無心問柳去觀花），這支比較生動：哈兒達撒沿途指點桃紅柳綠，眾妓回說此情此際山青水綠也不關心；哈兒達撒請眾妓下馬喝「打辣蘇」，眾妓以回說羊羔美酒無法下喉；哈兒達撒摘採花兒給眾妓插戴，眾妓亦婉拒扮飾。

　　一行人來到邊界，唱【黃龍滾】（聽一聲塞外胡笳），眾妓自比文姬、昭君，前程斷送、清夢無托。出國境前，哈兒達撒請眾妓下馬拜望家鄉，眾妓唱【下小樓】（盼前途那幾程）一支，感嘆白草黃沙將人磨殺。

　　最後，馬伕請眾上馬，全體唱【尾聲】第一句：「向郵亭權一榻」，眾妓唱後二句：「姊妹們挑燈清話，怎能個做一個團圓夢到家！」劇末，場上全體角色在「鑼鼓串陣聲中」同下，結束演出。〈解妓〉的表演重點不在劇情推進，而在歌舞。[9]

---

[9]　〈紅梨記‧解妓〉，《綴白裘》，第五冊，十集，頁108-111。

　　〈雙珠記‧天打〉是一齣宣揚善惡果報的短戲,開始是火神、火將、雷公、電母四神率先上場,繞場一週轉下,向觀眾預示果報將臨。接著,演李克成去找訟師張有德,商議盡速謀娶王妻郭氏之計,議定之後,唱【水紅花】一支(謀成日裏捉金烏),兩人正得意之時,火神、火將降下災咎,李克成府宅突然失火,李克成、張有德跑到橋上看,旋即被雷公、電母打死。火焚雷轟的肅殺情節是這一齣小折子表現的重點:

　　　　(場上發火介)
　　　　(付　張有德)噲!李爺!囉哩火着哉。
　　　　(淨　李克成)正是,噲個搭也乱着哉。我里橋上去看。
　　　　(仝下)
　　　　(雜扮雷公,貼扮電母,上場轉介,暫下)
　　　　(張有德李克成頭上帶小旗上)
　　　　(張有德)李爺!吓乱着哉。
　　　　(李克成)吓乱也乱着哉。
　　　　(張有德李克成)阿呀!雷響哉。
　　　　(李克成)弗好哉!陣頭来哉!
　　　　(奔轉,跪介)(雷公、電母打殺下)(雜扮二小鬼牽張有德
　　　　李克成下)

　　在〈天打〉之前,觀眾看到主角王楫已經被李克成誣告成絞罪,王妻郭氏不得已賣掉五歲的兒子王九齡後投淵明志。王楫一家播越離散,而壞人李克成卻沒有得到報應,因此梨園界編創這齣短戲,讓好色謀命的李克成遭到天打雷劈,目的是宣揚懲惡揚善的報應

觀，滿足觀眾「惡有惡報」的心理信念。表演方面，有炫目的灑火彩，還有火神、火將、雷公、電母眾神組成的陣頭。先繞場，後打殺，場面極為慘心駭目。[10]

除了〈天打〉，還有一齣也是藉著超現實的神鬼傳遞庶民大眾渴望正義彰顯的心聲，那就是〈精忠記・秦本〉。

〈精忠記・秦本〉演秦檜害死岳飛父子後，韓世忠、李剛等五十三人俱皆憤怒，於是秦檜連夜修本，謀將五十三人盡皆殺害。秦檜修本之際，岳飛顯靈，身穿紅袍，手執銅鎚，先敲桌後擊背，將秦檜打跌。秦檜驚懼，懇求岳飛饒命，秦檜妻聞聲來探，夫妻兩人商酌次日往靈隱寺修齋薦渡。

全劇共唱四支【泣顏回】，曲文一是秦檜邊寫邊唱「啟奏聖明君」；二是秦檜書寫諸臣罪狀「那李剛、張俊並吳全」；三是秦檜怪罪妻子東窗獻計唱「我想起舊冤情」；四是秦妻唱「不須埋怨苦勞神」。

〈秦本〉是一齣隨意上下脫空杜撰的「歷史劇」，將含冤被戮的岳飛神格化，表達景仰崇拜之意；又讓岳飛痛擊秦檜，痛快淋漓地宣洩對奸佞的不滿。

在藝術設計的部份，這齣戲秦檜有完整的大引子（職掌臺卿名望，那時盟誓金邦。滿懷心事腹中藏，真個是能謀能望）與上場詩（歷職臺卿名豈微，運籌帷幄動樞機，山河一統非吾願，只恐金人道不知。）在嚴凝端肅的大引子、上場詩戲曲程式中讓國之重臣親口道出賣國心念，引發反差、激起公憤，蓄足自天庭灌注到人間的制裁力道。[11]

---

[10]　〈雙珠記・天打〉《綴白裘》，第一冊，二集，頁58-60。

[11]　〈精忠記・秦本〉，《綴白裘》，第一冊，二集，頁15-18。

　　五齣補述類的折子都有圓補故事情節的作用，也各有欣賞重點：〈服毒〉的武大中毒後跳躍、翻滾的作工；〈反牢〉、〈解妓〉的熱鬧歌舞場面；〈天打〉、〈秦本〉則藉由超現實力量賞善罰惡，滿足觀眾懲惡揚善的道德信念。

## 參、稼接類

　　稼接類指的是原作劇情線暫時駐止，不再進行，以劇情線駐止處為重構改鑄之背景，發展出新的折子。

　　稼接類折子像是一株新幹新枝，接枝在原故事的主幹之上，只和原作的某一環結維持淡薄的連繫，開自己的花，結自己的果，展演全新的故事。在稼接類折子中，原作主角的戲份大幅減降，新主角是原作中不起眼，甚至是天外飛來的人物，且毫無例外都是甘草小人物。計有〈琵琶記・拐兒〉、〈幽閨記・請醫〉、〈紅梅記・算命〉、〈紅梨記・北醉隸〉四齣。

　　〈琵琶記・拐兒〉據《琵琶記》第二十六齣〈拐兒紿誤〉編創，〈拐兒紿誤〉首先由淨扮的拐兒甲上場唱【打球場】一支，自報家門，說自己能「騙去鍾馗手中寶劍，偷了洞賓瓢裏仙丹」。拐兒甲是這齣戲的線頭，原作安排他自述欲往相府紿騙蔡伯喈家書及金帛，《綴白裘》版刪掉拐兒甲內心盤算這一段，新增一個人物——丑扮的拐兒乙貝戎，紿騙蔡伯喈的計畫改由拐兒乙貝戎發動。也就是說，從原作拐兒甲這個線頭牽引出去，織造全新的劇情。

　　貝戎來到三郎廟，向神明訴說紿騙蔡伯喈的計畫，求神明保佑行騙成功，拐兒甲假扮三郎老爺偷聽貝戎的計畫。三郎廟中，貝戎

唱【四邊靜】一支（終日坊間串走），自報家門，說出給騙念想，且忍不住偷「神明」拐兒甲手中的扇子，拐兒甲當場拿住，強索貝戎的傘，並鞫問出行騙的細節、假造的蔡家家書。過程中，貝戎看出拐兒甲愚直可欺，於是誘招拐兒甲一同前去行騙，約定事成之後將所得錢財對分。命拐兒甲把衣、帽、靴脫下來「租」給他，雉鬚打傘當他的隨從，同往相府行騙。

來到相府，貝戎先咬定門子並非蔡伯喈身伴的隨從，和蔡伯喈不親熟，利用門子亟欲自我證明的心態，嚴加盤問，套出蔡家人的姓名等資訊。還沒見到蔡伯喈，貝戎又輕易騙倒了一人。

蔡伯喈出場後，原作安排他唱【鳳凰閣】、【一封書】、【下山虎】、【蠻牌令】四曲，講離家、思親、寫信、託書的過程，《綴白裘》只保留【鳳凰閣】（尋鴻覓雁　寄個音書無便），傳達思鄉戀家的苦楚，稍微點一下這宗詐騙事件的背景。

蔡伯喈接見貝戎，問起名姓、住處、家中近況、父親體貌，貝戎的答案風馬不接，蔡判斷眼前這個鄉親是假的，命人打發。貝戎趕快拿出書信，並說出剛才從門子口中套出來的蔡家親人名姓，還假裝生氣，告辭回轉，蔡伯喈因而上當，賜食款待，到書房寫回書，留下貝戎和管家在西廳等待。此時，貝戎又主動表示要順便替管家帶家書，把管家也騙下去寫家書。貝戎並趁機灌醉他的「侍從」拐兒甲，同一時間，三人被騙。

接下來，收捲剛才佈下的線。

蔡伯喈將家書連同安家費白銀三百兩交給貝戎，此賊深知人性，欲擒故縱，反說家書我幫你帶去，銀子不敢帶，說不定我是假的！蔡伯喈連聲道歉，又趕忙奉上三十兩路費，唱原作就有的【駐

馬聽】一支（書寄鄉關　說起教人心痛酸），講述思親之情，再次引介這椿詐騙事件的背景。伯啃下，收起第一條線。

管家寫好家書，托貝戎家書及安家費五十兩，並贈路費，第二條線也輕輕鬆鬆地收起來了。

到手之後要看的是如何將劇情接回到拐兒甲這個線頭，前此，貝戎接過三百兩銀子時趁機將銀子袖收入手，拿出另一包東西給醉意迷糊的拐兒甲，拐而甲以為是銀子，趕忙放入懷中。家書、安家費、路費到手之後，貝戎趁拐兒甲不勝酒力呼呼大睡之際，藉口天要下雨，告辭先溜了。

最後又回到原來的線頭拐兒甲身上，拐兒甲醒來之後，起念要獨吞他懷中那三百兩。他怕貝戎來分錢，刻意走小巷，想不到半路上與偷溜的差點碰上，貝戎以傘遮下，拐兒甲也嚇得背行疾走，倉皇躲到僻靜的毛坑旁。打開那包東西之前，拐兒甲又說又唱，幻想發了這宗財之後要去做一套好衣服，要買驢子騎，再討個老婆、買個小廝，舒舒服服過日子。

左近突然傳來叫賣聲，他把「賣海蜇」聽成「拿拐子」，手中那包嚇得掉入毛坑，拐兒甲忍臭撈起來，一看才知自己上了大當。

衣服被騙走、驢子被騙掉、雙手還沾了溷物，拐兒甲的終局似乎告訴觀眾：起念給騙者，往往會遇到比自己更高明的騙徒，最後盡蝕其本。[12]

〈紅梅記・算命〉據《紅梅記》第十一齣〈私推〉改編，〈私推〉劇譜裴舜卿被賈似道以延師為名拉入府中，盧昭容心中擔憂，

---

[12] 〈琵琶記・拐兒〉，《綴白裘》，第五冊，十集，頁 188-203。參考版本：《六十種曲》，第一冊，頁 118-121。

請算命仙替裴生算一卦，並趁機打聽裴生被強拘入府後的情況，算命仙道聽途說，告訴盧昭容裴生已經招了門婿，盧因此悶悶不樂。

原作本來是丑扮的盲眼算命仙一人來算命，編創後增為兩人：淨扮算命仙，彈絃子，丑扮瞽妻，搖算盤，夫妻兩人沿街算命。《綴白裘》把盧昭容算命一事當背景，原作的情節暫時駐止，表演重心放在算命仙夫妻身上。

齣首，《綴白裘》編輯特別指出：「此出無曲文，只仗科白，淨、丑需要一口揚州話為妙。」事實上，這齣折子唱四支【玉芙蓉】[13]，其中一支還是《綴白裘》才有的。

至於操揚州話的「藝術設計」，是為了迎合《綴白裘》出版地（金閶，今蘇州）的觀眾，對當時當地的觀眾來說，講蘇州話的角色有親切感，如果講外地方言（如〈一文錢・燒香〉的羅合操「句容聲口」、〈爛柯山・悔嫁〉張西橋的「山話」、〈兒孫福・勢僧〉的勢僧和〈繡襦記・教歌〉揚州阿二講揚州話等等）當地的觀眾往往會覺得滑稽，經常一開口就引人發噱[14]，所以才會安排算命仙夫妻講揚州白。

一開始，盧昭容上場唱【玉芙蓉】（為心中事幾般，添一夜心撩亂），傾訴快抑不樂之情思，盧唱完下場。算命仙與瞽妻接著上場，兩人插科打諢，大抵是繞著瞽妻貪利、笨拙、腳大、好吃、不愛乾淨等缺點來博笑解頤。鬧了半天，夫妻倆開始沿街叫喚，替人

[13] 另，原作中盧昭容唱的【繞池游】、【雁來紅】兩支、【朱奴兒】兩支則刪去不唱。

[14] 本段當時蘇州地區的觀眾對蘇白與其他地方語言的觀感係日本長崎純心大學いしるのぞむ（石海青）老師惠教筆者。

算命,《綴白裘》多了一支曲牌,安排夫妻兩人齊唱【玉芙蓉】(三言命已完)。蓋【玉芙蓉】第六句及下半支高亢聳聽[15],正好表現算命仙夫妻沿街攬客叫喝、苦覓蠅利的辛勞。

盧昭容招請命仙夫婦來到門首,兩人向盧行見面禮時,又是碰頭又是碰屁股,就坐時,瞽妻的屁股竟碰了算命仙的頭,這個段落藉瞽妻的生理缺憾生發笑料。

盧昭容再唱【玉芙蓉】一支(先生仔細觀),才開始算命。

算完了命,夫妻齊唱【玉芙蓉】一支(他五星只一盤),盧昭容問瞽妻相府招親之事,瞽妻道聽途說,回道裴生已入贅相府,盧昭容傷心下場。算命仙看妻子又多管閒事,氣得丟下她不管,自己先回家。

下場式安排瞽妻與路人搭架子問答,路人說他不見了一個「毛」,並隨口報了「未時」這個時辰,請掐一課,看能不能找到「毛」。瞽妻胡亂回說:「只怕在屋頂上」,後來弄清楚是誤會,路人問的是船錨的「錨」,瞽妻漫不經心地回:「這就不知道了!這我就不知道了!」,之後獨自摸索著下場。

臨了這一課很有意思,「船錨」當成「毛」,乃是誤會一場,暗示盧昭容聽到的裴生訊息實是誤會,同時也暗示船錨不見,盧昭容的心情必然像無法定止的船,隨著翻湧攪騰的波,起伏升沉。而瞽妻摸索回家的身影,口中「這就不知道了!」的喃語,似乎想傳達,算命終究不能指引出柳暗花明之境,面對茫然未卜的前景,人人都像瞽婦一樣,隻身摸索,盲目前進。[16]

---

[15] 《南北詞簡譜》,頁 274-275。

[16] 〈紅梅記‧算命〉,《綴白裘》,第四冊,七集,頁 18-24。參考版本:《紅

　　〈幽閨記・請醫〉的背景環節是《幽閨記》第二十五齣〈抱恙
離鸞〉的前半齣，蔣世隆因旅途勞頓、親人離散致病，妻子王瑞蘭
托店主東王公延請翁郎中看診。

　　《綴白裘》的〈請醫〉遠紹宋金小戲〈雙醫鬥〉院本及〈降桑
葚蔡順奉母〉等雜劇，[17]內容環繞在翁郎中庸劣的醫術：出一趟
門，這條大街也不敢過，那條小巷也不敢走，原來到處都有被他醫
死的人，得避開死者親眷的糾纏；行事顛倒，命患者伸出腳來把脈、
把脈把到手背去、男人生病診為產後驚風；誤將老婆的「勃腳礬」
當成神丹妙藥給人吃，害人反胃大吐。

　　表演的亮點是王公與翁郎中兩人問答科諢，王公類似相聲的
「捧哏」，在翁郎中說完一段哏之後，拋出回應，再引下一個話題，
讓翁郎中續「逗」下一個哏，誇張滑稽反語歸謬，為的是逗笑致樂。
當然，作表科介的花樣也不少，吞藥、扛棺、銜絲，醫死人唱蒿里
安魂曲、治不好畫茅山捉鬼符，暢盡庸醫令人愕眙噴飯的行徑。

　　〈紅梨記・北醉隸〉稼接在原作第二十一齣〈詠梨〉前面的一
小段情節：雍丘縣令錢濟之派皂隸送信到花園中的書房給趙汝舟，
相約飲酒賞月。因趙汝舟與謝素秋有約，不願赴約，推說身體不快，
繼續在書房等候。梨園表演家賦予皂隸酒醉的形象，這齣戲因而蒙
被一層醺醉愜快的情調。

　　付應工的許仰川一開始的表演重點和〈尋親記・茶坊〉的茶博
士一樣主要是發揮演員的「模仿功」。皂隸模仿約請他吃飯的伙計、

梅記》（台北：天一出版社，不著出版年），卷上，頁 25b-29b。
[17] 王安祈：〈明代折子戲變形發展的三個例子〉，《明代戲曲五論》（台北：里
仁，1990 年 5 月），頁 72-79。

服侍客人的酒店走堂、他的兒子、縣令錢濟之等四人的聲氣容觀、言語舉止。

出發之後,唱【粉蝶兒】一支(醉眼生花步離披)表現怠散踉蹌的行路姿態,入園之後,唱【紅繡鞋】一支(俺只見異種奇花在架),點出花園蓬勃可喜的環境。行越花園時,又展示肢體工夫,表演滑稽的趺跤動作,唱【普天樂】一支(喜,喜的是水面上游)跟在荷葉上乘涼的金魚聊天說話。此時此際已經醉到神智不清的地步,神智不清則心魂散亂,疑神疑鬼,因此唱【石榴花】一支(只聽得荷花池畔響個忽喇),來一段自我安慰,繼續壯膽前行。

送信的皂隸神智不清,沒想到書房中收信的書生也是情思昏昏,皂隸低聲叫喚,趙汝舟錯以為是日思夜想的那位小姐。立即開門、馬上親嘴──這是本齣最有趣的橋段,每演必引起觀眾哄堂大笑。

皂隸以【滿庭芳】(俺本是琴堂的爪牙)、【上小樓】(他那裏徘徊瞻眺眼兒巴)兩支曲牌向趙汝舟自我介紹、說明來意並強邀赴會。趙汝舟堅決不允,請皂隸出書房轉一轉,這段表演的是「秀才遇到兵,有理說不清」式的胡攪歪纏。

皂隸照見書房外的鏡子,錯將鏡中人當做前來催促的同僚,向同僚申訴剛才趙相公怎麼欺負他,邊說邊表演親嘴動作,沒想到親的是鏡中的自己,卻迷糊地以為同僚也來戲弄,唱【耍孩兒】一支(看我這鬚染簇簇人驚怕)表示訝疑。趙汝舟出書房探看之際,皂隸正要再次進房邀約,兩人在門首撞滿懷,皂隸又錯以為趙意圖不軌,唱【耍孩兒】一支(你讀書人妄尊大),怒斥趙「將男做女來

戲耍」。趙汝舟莫名所以，乾脆將他推出門，皂隸意猶不忿，唱【煞尾】（俺疾忙轉去回爺話），準備回去向錢老爺告狀。

　　全劇主要著墨皂隸送信過程的錯亂諧謔，以及趙汝舟的錯認推拖衍生出來的誤會，劇中迸射出來的「錯亂」、「荒誕」星火，乃是從《紅梨記》原作中〈訪素〉的不遇、〈亭會〉的不識、〈詠梨〉的蒙蔽、〈再錯〉的計騙、〈三錯〉的訝疑這條主軸線點爆開來的。

　　〈北醉隸〉這齣折子唱聲情「高下閃賺」的北中呂宮【粉蝶兒】、【紅繡鞋】、【普天樂】【石榴花】、【滿庭芳】、【上小樓】曲牌，插入兩支聲情「拾掇坑塹」的北般涉調【耍孩兒】，再接【煞尾】，由皂隸一人獨唱到底，掬塑跌宕愜快的氛圍。曲文與劇情貼合無間，聲情穩稱、詞理順當，在《綴白裘》中十多齣編創的折子當中，允為魁首。[18]

　　〈琵琶記・拐兒〉、〈幽閨記・請醫〉、〈紅梅記・算命〉、〈紅梨記・北醉隸〉四齣稼接類的折子讓主角淡去，另闢出一片舞台給不起眼的小人物，增加詼諧的情節，發揮付、淨、丑的表演藝術。

　　綜上所述，可知梨園表演家或增枝添葉或憑空結撰，編創了十三齣折子，這十三齣編創的折子根據它們與文本的關係，又可以分為擴充、補述、稼接三類。同時，這些折子植基於戲曲先天的審美基質及高度程式化的律則，剔抉劇本竅穴、精益表演藝術，大幅地拓延劇作文本的潛質，蔓生出深厚的視景與另類視域。

---

18　〈紅梨記・北醉隸〉，《綴白裘》，第三冊，五集，頁 27-34。參考版本：《六十種曲》，第七冊，頁 4255-4256。

## 第二節　編創下場式

陸萼庭先生曾將下場式分為「基本式」（又稱簡式），以及「衍生式」（又稱複式）兩類。[19]

從是氏列舉的類目推敲，「基本式」指唱、唸、做、打、手、眼、身、步等肢體動作、表演方式。至於「衍生式」，討論的基準點有時在於「展演的方式」（如「且住」、「請轉」）；有時在「展演的內容」（如「嘲罵」、「評議」、「告別」）；有時卻在「展演的作用與效果」（、「反襯」、「造境」、「呼應」），分類基礎不一。

筆者認為，若從基本式討論《綴白裘》的下場式，由於表演藝術家的身段設計變態萬千，勢必衍生許多新的類別[20]，如此一來，類別會變得龐大、蕪雜。再說，除了身段譜，《綴白裘》畢竟不是每齣都提示「哭下」、「笑下」、「舞下」等作表科介，僅從文字資料無法判斷、臆測其下場式的身段設計。至於「衍生式」，由於分類基礎不一[21]，若要援用做為討論架構，要增、減、併陸氏的分類，恐怕治絲益棼。

---

[19] 《清代戲曲與崑劇》，頁 103-156。

[20] 如〈翡翠園‧殺舟〉與〈漁家樂‧藏舟〉可以別立「搖下」類、〈鮫綃記‧寫狀〉可以別立「唸佛下」類、〈八義記‧醫桑〉與〈牡丹亭‧勸農〉可以別立「打導下」類。

[21] 「衍生式」分類基礎不一的問題，如「請轉」類有〈占花魁‧受吐〉一例，王美娘兩度請秦小官回轉，表現她對秦小官的情意。「轉折」類的例子之一〈荊釵記‧見娘〉，演王十朋趁王母回房偷偷向家院李成探問亡妻錢玉蓮的靈柩何在，演示重點也在於表現王十朋對亡妻的深情，但因〈受吐〉王美娘兩度向秦小官道「請轉」，而〈見娘〉沒有具體提示「王十朋請李成轉」，兩齣被歸為不同類別。然〈受吐〉的下場式旨在表現人物深情，與「轉折」類的〈見娘〉相當接近，而與同類的〈八義記‧遣鉏〉（鉏麑請屠岸賈轉，

本書另闢途徑，依據《綴白裘》與參考版本的比對結果加以整理分類，從「劇情」、「人物」、「情境」、「交流觀眾」四個角度說明《綴白裘》崑腔折子戲的下場式。

## 壹、由劇情面向思考

折子戲從全本摘取出來，展演一折或數折單元情節，因而《綴白裘》許多折子的下場式從戲劇情節面向思考，企求圓足單元情節的戲情、戲理。針對單一折子，有「收篇作結」、「再次點題」兩類，如果劇情的跨度較大，從串折、疊頭的角度構思，則有「啟導下文」一類。

## 一、收篇做結

指下場式交代本折劇情，打上圓滿的句號。如〈尋親記・跌書包〉，劇譜周瑞隆在義學被頑皮的富家子欺負，回家向母親訴苦，

---

向屠索殺人囊刺）、〈西廂記・遊殿〉（法聰請張生轉，吩咐張生明日再來看觀音，法聰並自嘆看女客的本事不如張生精妙講究）相去甚遠，卻因分別立於「演示的方式」與「演示的作用與效果」兩個基準點被歸為不同類。除了分類基礎不一的問題之外，「衍生式」有單一類別例子過少，難以成類的現象，如「陪笑」類（〈長生殿・絮閣〉唐皇陪笑息事）、「自慚」類（〈千金記・望鄉〉李陵說降蘇武不成，又被羞辱一頓，自覺慚愧）很難找到相似的例子。其實「基本式」也有問題，如「急下」與「奔下」兩類，俱是以快步下場的方式表現緊張的情緒／勢，兩者界線模糊。「基本式」也有幾類類例子過少，難以獨立成類，如「縊下」類（〈焚香記・陽告〉殷桂英自縊海神廟）、「戴下」類（〈千金記・探營〉楚兵丟盔卸甲歸鄉里，張良命漢卒撿拾地上的盔甲武器，某小兵撿了一項頭盔，戴下）、「馱下」類（〈繡襦記・教歌〉揚州阿二馱鄭元和下）。

宣稱再也不去上學了，母親一頓打罵、聲聲規勸，堅持要繼續求學，兩人唸完下場詩之後，《綴白裘》還多了一段下場式：

> （旦　周娘子）拿了書包，隨我前去。
> （貼　周瑞隆）我是不去。
> （周娘子）今日天色已晚，且待明早我送你前去。我對先生說就是了。你且隨我進來。兒吓！鶴隨鸞鳳飛騰遠，人伴賢良志氣高。隨我進來。
> （周瑞隆哭下）

周娘子堅持兒子一定要上學，決定明日親自到學校與老師懇談，最後還說了兩句勸勉的話，為整齣戲作一個結束。[22]

又如〈雙珠記・月下〉，演王楫偕妹王慧姬上京赴任，在驛站中偶遇棄官尋父的王九齡，兩人各敘往事，九齡出珠為證，父子終於相認。

> （小生　王九齡）閒中步月，父子相逢，千古奇遇，難得，難得！
> （生　王楫）我兒到驛中去見了姑娘。
> （王九齡）姑娘也在此？
> （王楫）正是。我兒，你果然中了狀元了？
> （王九齡）孩兒果然中了狀元了。
> （王楫笑介）哈哈哈！（同下）

---

[22] 〈尋親記・跌書包〉，《綴白裘》，第五冊，九集，頁19。參考版本：《六十種曲》，第十二冊，頁7271。

這個下場式劃下了父子相逢、兩代榮貴的溫馨完美句點。[23]

## 二、再次點題

指下場式再次演示，突出、應和本齣題旨，使觀眾更準確把握中心思想，留下深刻印象。如〈琵琶記·墜馬〉的下場式：

（眾先下，丑作勒馬）咦！又來了。（丑加鞭打馬下）

丑胯下那匹步履顛亂的劣馬又亂跑狂奔，害他心驚膽跳難駕馭，再次點明本齣丑跨馬遊街時「墜馬」的主題。[24]

另外，〈琵琶記·逼試〉、〈琵琶記·訓女〉、〈漁家樂·羞父〉、〈荊釵記·諫父〉等齣都採用「延續爭論」的方式再次點題，似乎在當時是程式化的編創方式。

「延續爭論」的例子如〈漁家樂·羞父〉，演新君劉蒜登基，赦回前朝亂臣馬融，連同囚車將人送交給馬的女婿，馬融之女馬瑤草並未於第一時間釋放父親，反而置囚車於堂上，詰問父親罪狀，要父親承認人生的一切是「由命不由人」才釋放，下場式延續兩人當初「由命／由人」的爭論：

（付 馬融笑介）
（旦 馬瑤草）爹爹笑什麼？

---

[23] 〈雙珠記·二探〉，《綴白裘》，第二冊，四集，頁91。參考版本：《六十種曲》，第一冊，頁730。
[24] 〈琵琶記·墜馬〉，《綴白裘》，第二冊，四集，頁142。參考版本：《六十種曲》，第一冊，頁62。

　　（馬融）我在此想。

　　（馬瑤草）想什麼？

　　（馬融）想吾該死的如今又活了，元是由人。

　　（馬瑤草）軍士們，抬囚車過来，原囚了犯官！

　　（馬融）由命！由命！我如今日日讀這兩句。

　　（馬瑤草）哪兩句？

　　（馬融）我欲生時我欲死，須知由命不由人。

　　（踱下）

　　（馬瑤草）啐！

　　馬融省顧自身遭遇，認為自己能夠逃過死劫是因為女兒、女婿兩人襄佐新主的關係，所以不放棄他「命運由人」的想法，馬瑤草以刑罰恫嚇，伸宣自己「命運由天」的論調，這段下場式再次點出女兒羞父的題旨。[25]

## 三、啟導下文

　　指本齣的下場式演示的內容埋下伏筆，開啟後面的情節（但實際搬演時並不一定演出下一折或後面的劇情），為情節的發展埋下伏筆，留下懸念，誘引觀眾好奇心。

　　如〈翠屏山・酒樓〉，演石秀告訴楊雄潘巧雲與海和尚私通事，楊雄立即要除奸，石秀教他暫勿聲張，明日捉姦之後再動手，筆者參考的清雍正九年抄本有下場式：

──────────────

[25] 〈漁家樂・羞父〉，《綴白裘》，第二冊，三集，頁 201。

（小生　石秀）嘖，嘖，嘖！是個漢子！是條好漢！方才被我說了，他就毛髮倒豎，怒氣沖天。不枉我石秀與他結義一場！

《綴白裘》的演法是保留石秀這段獨白做為下場式主幹，又加上兩句話：

（笑介）我明日幫他行事便了！吓！明日幫他行事便了！（下）

石秀多出來的這兩句獨白，預告下一步的行動，開啟後面（下下齣〈翠屏山・殺山〉）兩人合力捉姦，並於翠屏山屠戮潘巧雲的情節。[26]

又如〈清忠譜・書鬧〉演顏佩韋、周文元、楊念如、馬傑、沈揚五人結義，原作只寫眾人結義後相約前往顏家飲酒談心，《綴白裘》版多了「誓結同心」的下場式：

（淨　顏佩韋）列位兄弟瓯，做阿哥個有介句說話拉里。

（眾）大哥有話請說。

（顏佩韋）我俚今日以後有官同做。

（眾）有官同做。

（顏佩韋）有馬同騎。

（眾）有馬同騎。

（顏佩韋）有苦同受。

（眾）有苦同受。

---

26 〈翠屏山・酒樓〉，《綴白裘》，第四冊，八集，頁 175。參考版本：《翠屏山》（台北：天一出版社，1984 年），卷下，頁 6b。

（顏佩韋）有患同難。

（眾）有患同難。

（顏佩韋）弗要三心兩意。

（丑　周文元）有個虱哈多說，就是殺頭沒嗓要殺拉一堆個！

（眾）說得是。有理。

（顏佩韋）我俚纏到舍下去。

（眾）請吓。（同下）

　　五位嫉惡如仇的義士結拜之後，加上一段宣誓同生死、共患難的下場式，表現同仇敵愾的義氣，啟導後面西察院請願、倡議打校尉、自首就義之情節。其中周文元和顏佩韋一樣，個性急躁衝動，他說出「就是要砍頭大家一起砍」這句亢奮、不吉利的誓詞，表現他的個性，也預示五人同時斃命的悲慘終局。[27]

　　〈荊釵記・說親〉下場式演張姑媽遭姪女錢玉蓮半騙半轟趕出繡房，非常生氣，打算到錢繼母跟前搬弄，給玉蓮一頓苦頭吃。開啟後面張姑媽離間母女，錢繼母逼玉蓮「刀死、水死、繩死」三擇一的重要波折。

　　「啟導下文」類下場式常見「設阻違志」的手法，由配角人物發動立即性的破壞行動，橫生枝節，阻礙男女主角結合。〈荊釵記・繡房〉、〈玉簪記・姑阻〉、〈玉簪記・催試〉就運用這種手法。如〈玉簪記・姑阻〉的下場式演：

---

[27] 〈清忠譜・書鬧〉，《綴白裘》，第五冊，九集，頁 159-160。參考版本：《李玉戲曲集》，下集，頁 1302。

（老旦　法誠姑媽）眾姑姑各自回房。我送侄兒到江口，晚上就回。

（淨、旦　二道姑）潘相公，我們不送了。師父就回來吓。

（法誠姑媽）就回來的。

（看貼　陳妙常介）你怎麼不進去

（陳妙常）徒弟陪師父送潘相公一程。

（法誠姑媽）不勞費心。

（陳妙常）是。

（法誠姑媽）還不進去？

（陳妙常下復回頭看介）

（法誠姑媽）咮！

（陳妙常下　法誠姑媽、潘必正、進安下）

　　法誠姑媽親自壓陣送行，阻絕陳妙常、眾道姑與潘必正任何接觸的機會。潘、陳含恨而別，導引出後面陳妙常買舟追郎的情節。

## 貳、由人物塑造面向思考

　　從人物塑造面向思考下場式的編創，《綴白裘》中又有兩條進路，一是讓人物自己表現展現，一是從旁人角度折射呈展。

## 一、讓人物自己展現

　　指下場式由人物自己表現貪財、急色、深情、賢良、機敏、愚昧、慧點等品格性情。

表現深情最著名的例子是〈牡丹亭・叫畫〉，柳夢梅唱完【尾聲】後連白：

> 呀，這裡有風，請小娘子裡面去坐罷。小姐，請，小生隨後。豈敢。小娘子是客，小生豈敢有僭。還是小姐請。如此沒並行了罷。

演柳夢梅以幻為真，自作多情，將畫中美女假為真人，失神忘我地與之互動對話。柳生一方面細心呵護「小娘子」，唯恐夜深風寒有傷玉體，長揖禮讓，鄭重請入後房；一方面幻想「小娘子」不計主客，慨然與之比肩並行。獨角獨白，卻營造出雙向交會的感情能量。卿憐我、我憐卿，跨越真假虛實樊限，暢盡柳生沉酣癡情的形象。[28]

〈荊釵記・開眼〉劇譜錢流行接獲女婿接養書信，高興得雙眼復明，下場式加演錢流行命家院李成與他同去媒人許將仕家，分享喜訊，表現錢流行珍視鄰誼的親善個性。

〈繡襦記・賣興〉來興被賣之後加了一段下場式，演來興接受被賣事實，擦乾淚眼，拿出笑臉，向新東家的兩位家院問候，請求他們看在年紀小的分上「凡事照看照看」。待問明了新職務的內容（掛畫、燒爐、拂紙、磨墨、掌圖書）乃是他本具的專長之後，來興態度丕變，自信又機敏地跟院子們說：「隨我來」、「待我照顧你們」。因為他相信此去定能一展長才，成為新主跟前紅人。這段由

---

[28] 〈牡丹亭・叫畫〉，《綴白裘》，第一冊，初集，頁85。參考版本：《墨憨齋重訂三親會風流夢》（台北：天一出版社，不著出版年），下卷，頁4a-4b。

低姿態轉為高姿態的人物素描，側寫來興平日書房輪值的敏捷，同時也正面描繪他面對變故的臨場機智。[29]

又如〈一捧雪・搜杯〉，劇譜莫成機智護杯，使一捧雪免於落入嚴世蕃之手，《綴白裘》下場式加演莫成吊場，推測這椿禍事的始作俑者不是別人，正是湯勤。加了這段下場式，突顯了莫成這個人物，讓他的機智表現貫徹全劇始終。

有些折子的下場式表現人物自得、自樂，〈永團圓・計代〉劇譜老畢想出「移星換斗」之計，由二小姐代替投水的大姊上公堂。下場式加演老畢自鳴得意，誇稱如此妙計只有我老畢想得出來。〈荊釵記・改書〉劇譜孫汝權為了迎娶錢玉蓮，偷改王十朋家書，企圖製造誤會分鸞拆鳳。改書之後，下場式演孫汝權幻想美夢將成真，興奮地收拾行李，精心打扮，準備做新郎。〈三國志・負荊〉劇末譜孔明命張飛前去與曹操相持引戰，下場式加演張飛聞令精神陡壯，下又復上，持槍狂舞、罵寨叫陣、自得自樂，三笑而後下。

下場式表現人物急色的折子有〈一捧雪・刺湯〉，加演湯勤妻在湯遇刺身亡後急著改嫁，隨便扯住旁邊的男人就貼附上去，嚇得眾人東躲西逃。

表現人物賢德的折子有〈琵琶記・廊會〉加演牛小姐認下趙五娘，收留府中，下場時牛小姐讓趙五娘先行，再三謙讓，謙讓再三。

---

[29] 〈繡襦記・賣興〉，《綴白裘》，第四冊，七集，頁 117。參考版本：《六十種曲》，第七冊，頁 4043。又，本齣來興下場之後，兩位家院同聲道：「這小廝乖惡得緊吓！」，歸於下一類「從他人角度折射反應」亦通，唯整整一大段下場式演示重點在來興心境、身段、姿態的轉變，家院們的評語僅像是舞台上的追光，凸顯主角的亮彩，筆者依演示重心的配置，將這個例子歸到「由人物自己表現呈展」類。

還有〈宵光劍・相面〉，加演衛青扶住鐵勒奴不讓磕頭，免去奴僕之禮，與鐵勒奴兄弟相稱，對他平等看待。

表現人物貪財有〈鮫綃記・寫狀〉，加演賈主文收了二十兩銀子，發了一筆小財之後，連稱快活，回想大概是昨夜「火結燈花」兆頭應的意外之財。

## 二、從旁人角度折射呈展

指下場式通過旁人的評議、調侃、嘲謗、嘆惋，展現主角人物的品格、性情、形象。

如〈長生殿・絮閣〉劇末明皇貴妃言歸於好，下場式加演高力士與永新兩人一番對話：

> （丑　高力士）阿呀，永新姐，你看楊娘娘這樣性子，只是如此。記得向日為了虢國夫人，險些弄出事來。方纔在閣中絮絮叨叨，講個不了，萬歲爺到依著他出朝而去。咱在旁看了到捏著一身大汗。
>
> （旦　永新）誰想萬歲爺非但不惱，見我娘娘啼啼哭哭，反加疼愛；如今又相偎相傍雙雙進宮去了。
>
> （高力士）咳，只是可憐梅娘娘受得半宵恩寵，反吃了海大驚慌。如今且把這翠鈿鳳舄送還他去。
>
> （永新）高公公，你看萬歲爺和楊娘娘怎般恩愛，你可對梅娘娘說，教他以後再也休想得寵承恩了。

（高力士）這也不消說了。正是：朝廷漸漸由妃子。

（永新）從此朝陽無二人。（同下）

高力士與永新兩位旁觀者的評語再次說明楊妃的嬌與妒：日前吃虢國夫人的醋，今日又鬧翠華閣，唐皇非但不惱，益加恩寵。觀眾感受到楊妃勢將包攬三千恩寵；梅妃地位日趨屏微，只能無奈淡出。[30]

〈釵釧記·謁師〉的下場式稍有變化，劇譜皇甫吟高中進士後，叩謝恩師李若水。下場式加演李若水詢及皇甫吟之未婚亡妻贈與的釵釧：

（生　李若水）那釵釧是朝夕佩帶在身的麼！

（小生　皇甫吟）朝夕佩帶的。

（李若水）好賢契，你比前大不相同了吓。

（皇甫吟）皆賴恩師提攜。

（李若水）就是令正夫人，必然含笑於九泉。

（皇甫吟）不敢。

（李若水）阿呀，賢契請。

（皇甫吟）不敢，恩師請。

（李若水）來吓。（同下）

李若水欲知皇甫吟是否牢記未婚妻碧桃恩義，特以「是否朝夕佩帶（未婚妻的）釵釧」動問，得到了肯定的答案。這個下場式特殊的

---

[30] 〈長生殿·絮閣〉，《綴白裘》，第一冊，二集，頁91。參考版本：《長生殿》（台北：三民書局，2003年5月），頁129。

地方在於不由主角人物皇甫吟主動說明演示，也不像〈絮閣〉那樣待主角人物下場後再由旁人「稍後」、「從旁」評議，而是用折射手法，讓觀眾從李若水的視角、問話與反應，感知皇甫吟的深情。[31]

〈紅梨記・盤秋〉劇譜錢濟之將謝素秋安頓在空園內，假扮良家女與趙相會，唯需待趙汝舟功成名就後再道出真情。下場式加演錢濟之吩咐花婆不可洩漏秘密：

> （生　錢濟之）花婆，方才說的言語不可泄漏。
>
> （老旦　花婆笑介）老爺，老身是不泄的，只怕素娘要露。
> 哈，哈哈。
>
> （錢濟之）羞得取笑。（同笑下）

花婆心知謝素秋向來深慕趙汝舟，惜因王黼作梗、戰亂違阻，趙、謝兩人始終緣慳一面。眼看會面再即，謝素秋豈會默聲按耐、安守秘密？所以儘管錢濟之殷殷叮囑，以花婆對素秋的了解，她推測謝素秋可能會洩漏秘密。這段下場式藉由花婆旁嘲打趣，傳蕩縈繚在謝素秋內心熾烈的思慕。[32]

〈鳴鳳記・嚴壽〉劇譜趙文華於嚴嵩壽日進獻奇異壽燭等珍稀拍馬，嚴嵩大樂，收趙文華為心腹。下場式加演嚴府兩名隨從旁議：

> （末、小生兩隨從）這人有機巧，你我多要看顧他。
>
> （小生）這個自然。

---

[31] 〈釵釧記・謁師〉，《綴白裘》，第二冊，四集，頁 11。參考版本：《釵釧記》，下卷，頁 27a。

[32] 〈紅梨記・盤秋〉，《綴白裘》，第二冊，三集，頁 248-249。參考版本：《六十種曲》，第七冊，頁 4237。

隨從們的反應可知趙文華附勢趨權、掇臀拍屁的功夫深受好評。[33]

〈金雀記‧喬醋〉下場式加演婢女彩鶴肆無忌憚，取笑潘岳懼內；見夫人關了房門不開，還體貼地邀請潘岳跟她「一起到書房修修舊」，當場戳破潘大官人忠厚、專情的假面。

〈西廂記‧遊殿〉下場式加演小和尚法聰請張生轉來，殷殷叮囑張生明日再來看「觀音」（崔鶯鶯），張生去後，法聰自嘆看女客的本事遠不如書生精妙講究。歷經一整齣戲的導覽，法聰最後帶領觀眾聚焦於張生的風流情竇。

## 參、由情境氛圍面向思考

指下場式延續劇情的題旨情調，敷演悲傷、興奮、緊張的情境或是鋪陳生活氣息，在劇末凝鑄特殊的情境氛圍。

常見《綴白裘》中延伸單齣折子淒楚悲苦的戲劇情調，濃彩重墨地渲染悲傷情緒。

描繪生離死別的下場式肯定要做足悽戾哀酸的氣氛，如〈雙珠記‧賣子〉劇譜郭氏欲在其夫處決之前自盡，不得已將親兒鬻與客商王章。下場式演出悲情場面：

> （旦　郭氏唱）【哭皇天】哀哉母子泣西東！
>
> （丑　家院王安奪介）

---

[33] 〈鳴鳳記‧嚴壽〉，《綴白裘》，第二冊，三集，頁 15。參考版本：《六十種曲》，第二冊，頁 1043。

（郭氏哭介）*淚眼徬徨似夢中*

（王安搶介）*去罷，去罷。*

（外　王章）*王安領好了。*

（王安奪下）（郭氏昏跌介）

（王安復上，叫介）*吓！娘子醒來！*

（內）*王安！*

（王安）*吓！來了*（抱子下）

（郭氏醒介）*阿呀！親兒吓！*

（郭氏唱）*今朝母子分離去　除非來世再相逢！*

（下）（復哭上）*阿呀！親兒吓！九齡的孩兒吓！*（大哭下）

　　王家主僕急著趕路，因而又奪又搶，郭氏痛極昏厥，僕人王安上來察看，主人卻又催促前行。心摧腸斷的母親轉醒之後，親兒已去，骨拆肉離的結尾令人心酸耳熱、涕淚交揮。[34]

　　〈浣紗記・寄子〉劇譜伍員知吳國將亡，自己準備身殉，登山涉水將兒子寄託於齊國友人鮑牧家中。《綴白裘》版將原作的下場詩譜入【哭相思】曲牌，並增演伍子、伍員、鮑牧摳拽拉扯、跌倒昏厥的激情場面，在劇末以大幅度的肢體動作灌注動態效果，放大慘惻哀屬的悲情。

　　渲染悲傷情緒全都是以人物「哭下」的方式表現，如〈雙官誥・借債〉三娘與夫主遺孤馮雄舉債無著，馮雄自此明白三娘與他是命運共同體，兩人一聲「我兒」、「母親」、一聲「親兒」、「親娘」，同

---

[34] 〈雙珠記・賣子〉，《綴白裘》，第一冊，二集，頁54。參考版本：《六十種曲》，第十二冊，頁7165。

哭下。〈荊釵記・男祭〉王十朋奠祭亡妻之後，哭喊「我妻」下。〈金鎖記・私祭〉刪去原作中蔡婆與媳婦竇娥商酌明日赴張驢兒家索債的尾巴，加入蔡婆哭子、竇娥勸姑、婆媳雙雙泣下的下場式，戲劇氛圍包攏在奠祭亡兒／亡夫惻愴悲傷的單點。

敷演緊張氣氛的例子有〈水滸記・殺惜〉，原作寫宋江殺惜之後，閻母一求宋江養她到老、二求宋江買棺木盛殮，最後唱自悼自憐的【尾聲】、唸下場詩結束。《綴白裘》保留【尾聲】，但加入插白和一段下場式：

> （生　宋江）媽媽，你可有歹心？
>
> （閻母）沒有歹心。
>
> （宋江）可有歹意？
>
> （閻母）沒有歹意。
>
> （宋江）好！
>
> （唱原作曲文）管教你春草秋風老此身。
>
> （作到縣前，閻母喊介）阿呀！宋江殺人吓！
>
> （宋江）禁聲！禁聲！
>
> （閻母）阿呀喲！宋——
>
> （宋江）阿喲！
>
> （閻母）呀！宋江殺人吓！
>
> （宋江）阿喲！
>
> （閻母扯宋江下）

〈殺惜〉這齣戲原本就有一連串緊張的的場面：婆惜觀書、宋江尋袋、逼離毀諾、感憤殺妾。到了下場式，更抓緊縣貫首尾

的戲劇張力，不讓氣氛散懈掉，先抑後揚，安排閻母先假意俯順，待到縣前人多之處便大聲喊破，局面驟然扳挽，慌急警悚氣氛衝到最高點。[35]

〈衣珠記・堂會〉劇譜來旺跟劉員外、劉安人說荷珠丫頭假冒小姐嫁給安人的姪子趙旭，劉家人走投無路，為了厝身只得順勢響附，喬裝相認，瞞騙趙旭。《綴白裘》多了一段：

> （小生　趙旭）姑爹，姑娘請到裏面去。
>
> （外　劉員外　付　劉安人）姪兒請。
>
> （小生　虛下）
>
> （貼　荷珠扯劉安人劉員外介）員外安人一向好嗎？
>
> （作跪介）
>
> （趙旭又上）姑爹，姑娘請到裏面去。
>
> （荷珠急起咬指介）（趙旭同劉員外先下）
>
> （劉安人）阿呀！我個兒子吓！想殺子我哉！
>
> （荷珠）多謝母親。
>
> （劉安人）兒子吓！
>
> （荷珠）怎麼？
>
> （劉安人）我身浪個衣裳齷齷齪齪，阿有儕個好衣裳換兩件我着着嘿好
>
> （荷珠）好衣服都已做停當在那裏的了。
>
> （劉安人）儕個做停當亂個哉？
>
> （荷珠）做停當的了。

---

[35] 〈水滸記・殺惜〉，《綴白裘》，第一冊，二集，頁194-195。參考版本：《六十種曲》，第九冊，頁5597。

（劉安人笑介）阿呀呀，好殺！比嫡親囡兒勝百倍乱嘘！

（荷珠）啐！

（劉安人）亂話哉，亂話哉。

（荷珠）進去吧。

（劉安人）噢，噢，噢。（同下）

　　下場式有兩段，前段，荷珠為表擅岔之罪，趙旭一離開，立刻拉住老爺、夫人下跪請安。沒想到趙旭下又復上，幾乎被撞破，情緒急速穿行在趙旭一下一上的短暫時間內，荷珠愧、急、驚、怯還得喬裝無事的變化中。第二部分是趙旭、劉員外下場後，劉老安人為了衣食，復現她一貫勢利的嘴臉，毫不勉強地表現與荷珠的親熟，忘形地說溜嘴：「比嫡親囡兒勝百倍」，幾乎要戳破謊言，又帶來一陣緊張。[36]

　　〈紅梨記‧花婆〉演繹原作第二十三齣〈再錯〉的劇情，其下場式則是從第二十四齣〈赴試〉齣首裁截過來的，演趙汝舟聽信花婆言語，以為王小姐是女鬼，嚇得琴劍書箱都顧不得拿，急忙往建康赴試。心驚膽顫唱【撲燈蛾】，下場前且大喊「阿呀！有鬼！有鬼！」，並「作驚下」。〈節孝記‧春店〉的下場式也是從下一齣裁截過來的，演春店主東為黃氏母子準備打辣酥餞行。從這兩個例子可知戲場搬演靈活多變，下場式也可以從文本中找素材。

　　另有一類下場式展演日常生活常見常感的事物，灑佈濃郁的生活氣息，如〈清忠譜‧打尉〉的下場式加演群眾動亂中帶頭的顏佩韋、周文元在動亂空檔的對話：

---

[36] 〈衣珠記‧堂會〉，《綴白裘》，第五冊，九集，頁 236。參考版本：《衣珠記》（台北：天一出版社，1984 年），下集，頁 20b。

（丑　周文元）從來相打，在弗曉得今朝打得快活。阿呀！一件物事忘記哉，大個，大個！

（顏佩韋）呸出來！亦是僁個？

（周文元）一件物事弗見哉。

（顏佩韋）僁物事介？

（周文元）一把日照傘弗見哉。

（顏佩韋）呀！呸出來！唔手裏拿虱個僁物事了

（周文元）阿呀！打渾拉裏哉。

（同笑下）

群眾義憤填膺，與校尉差官殊死搏鬥，激情過甚，周文元緊張到陽傘還在自己手上都忘了，急著找傘。他們連殺校尉拋屍餵狗的事都敢做，丟了一把傘竟說是「大個」（大事），可見真的是讓抗暴的激情給沖昏了頭。這段下場式加入一般人日常生活中常有的「心緒混亂，東西在手／身上卻以為不見了」情況，逗引觀眾會心一笑。[37]

〈雁翎甲·盜甲〉劇譜時遷夜入徐寧府盜取雁翎寶甲，交給湯隆送往梁山。下場式加演：

（丑　時遷）阿呀！大哥轉來！大哥轉來！

（末　湯隆復上）怎麼？

（時遷）一件要緊物事忘記拉虱屋裏哉。

（湯隆）什麼東西？

---

[37] 〈清忠譜·打尉〉，《綴白裘》，第五冊，九集，頁 182。參考版本：《李玉戲曲集》，下集，頁 1346。

（時遷）兩把鉗子，一個鐵先生。

（湯隆）喲吥！這事小事，罷了。

（時遷）罷，夾沒罷噓。

　　寶甲到手，隨身的竊寶工具卻忘失在案發現場，就像一般人緊張的時候常常顧此失彼，從這個例子可知，梨園表演家從日常生活淬鍊出無極不到的細節運用到表演上。[38]


## 肆、由交流虛實面向思考

　　還有一類下場式穿越後台和舞台畛域、連繫戲劇情節的推展和幕後編演的商酌構思，在戲的最末端與台下觀眾即時交流，製造笑料、增加互動。

　　如〈荊釵記・哭鞋〉下場式增了四句淺白的下場詩，加演：

（外　錢流行）自此以後，須要改過前非做好人！

（付　錢繼母）從今怎敢不依遵？

（錢流行）收拾書房獨自睡。

（錢繼母）打點精神養子孫。

（錢流行）哧！我牙齒都沒有了，還想養什麼兒子！沒廉恥！（下）

（錢繼母）蓋個老冒入！吾倒問聲個星看戲個，看人家養兒子要用儕牙子個了？真正老魘子！看吾那道吓！（下）

---

[38] 〈雁翎甲・盜甲〉，《綴白裘》，第一冊，二集，頁 156。參考版本：《偷甲記》（台北：天一出版社，不著出版年），上卷，頁 57a。

　　錢繼母利用認知錯位，引發性暗示，又巧妙地將觀眾引介到局中，捻轉出突梯謬違的噴飯效果。[39]

　　〈翡翠園・自首〉劇譜王饅頭好心要縱放被寧王構陷入罪的舒德溥，舒唯恐連累家人，執意自首，隨捕快下。下場式加演王饅頭疑惑不解，道：「阿呀！故出戲那間叫我那做？吓！且到戲房裏去商量嚧。」，觀眾也隨之墜入五里霧中。

　　〈西樓記・樓會〉劇末演于叔夜接到父親口信，不得不暫離心愛女子，因而賭氣步行下場，書僮文豹牽著于叔夜公子的馬，道：「咦！單見腳動，弗見個馬動。」，引導觀眾看他揚鞭行走的科介，點出演出的假定性。

　　〈白兔記・送子〉演竇老送咬臍郎到生父劉智遠府上，劉智遠要求竇老切勿對現在的夫人提起他的前段婚姻生活。竇老會意，保證不說，還附帶保證絕對不會說出劉智遠早年馬鳴王廟偷雞一事，劉智遠聞言微慍下場，竇對觀眾說：「吥看，說著子俚個搦心說話了，對子戲房裏是介直闖介進去哉。」。

　　〈連環記・大宴〉劇譜王允將貂蟬先許呂布後許董卓，意欲造成父子相殘，消滅呂布勢力。不明就裡的醜婢質疑王允一女二配的做法，王允恐事機洩漏，未予理會便下場，醜丫環猶覺質疑有理，對觀眾說：「說弗過我，走子戲房裏去哉」。

　　綜上所述，《綴白裘》的下場式和前面的演出內容聯繫綰結，有的下場式的編創突顯了清晰的主題意識或人物形象，有的是讓情

[39]〈荊釵記・哭鞋〉，《綴白裘》，第五冊，十集，頁152。參考版本：《六十種曲》，第一冊，頁281。

節關目更有完整性，有的下場式籠攝特殊的氣氛，更有一部分是在
戲的最末端與觀眾交流。

# 第四章 《綴白裘》改編後呈現的藝術效果

　　《綴白裘》具體的改編手法於前兩章說明，本章尋繹改編後在戲劇題旨、人物形象、表演藝術等各方面織造的藝術效果。釐為「咬合主題放大表現」、「塑造人物飽滿形象」、「增添笑料勾發諧趣」、「歌舞並作百藝俱陳」四節說明。

## 第一節　咬合主題放大表現

　　戲曲藝術欣賞過程中，觀眾的興趣眼光在優秀的演員、絕妙的技藝、盎然的趣味、動人的情節和突出的主題之上。舞台的演出是即時的實境，因而演出現場展現劇作題旨的時候必須放大表現的內容才能立即觸動、有效解悟。與劇作文本相對照，可以看出《綴白裘》多數的改編鎔鑄人物主觀的思維情意，發展事件客觀的情境邏輯，成功地放大表現、宣發題旨。如〈精忠記‧掃秦〉，劇譜岳飛父子遇害之後，秦檜到靈隱寺修齋，地藏王化身瘋僧點破秦檜惡行。劇作文本中，秦檜拈香時只說了一句：「願岳家父子早早超生」，《綴白裘》版是這樣演的：

　　（淨　秦檜）第一炷香，願風調雨順國泰民安。
　　　　　　　　第二炷香，願秦檜夫婦百年偕老。

> 第三炷香，願……迴避
>
> （眾下）
>
> 佛爺呀，願岳家父子早登仙界。[1]

　　《綴白裘》的秦檜多了兩個願望，第一個願望「願風調雨順國泰民安」，是身為國之重臣的場面話，不可不說。第二個願望「願秦檜夫婦百年偕老」可以看成是秦檜聽從長舌惡妻，構陷岳家父子，此時猶未醒悟的反諷，屬於勾連前情的表現手法。然而，為惡不欲人知的秦檜特地來到寺廟，他內心的主要願望「願岳家父子早登仙界」，《綴白裘》卻安排他遣開眾人，放在最後才後隱密地說出來。秦檜奸偽的個性和內心的暗影也因為「命眾人迴避」的遮藏動作反而外洩。先抑後揚、欲露先隱，在戲的開頭就咬合鎖定「屈殺岳飛、瘋僧說破、狼狽而去」的主題。

　　〈西廂記‧着棋〉，劇譜鶯鶯假裝要扯張生去見老夫人，經紅娘說情暫且饒過，遂押張生到房中「審問」，劇作是這樣寫的：

> （貼紅娘扯生張生耳介）犯人一名當面
>
> （張生跪介　旦鶯鶯）張先生。你既讀孔聖之書。必達周公之禮。黃昏夜靜。至此何幹。

　　張生默言聽審，紅娘在旁不置一詞，這段情節經梨園表演家重構改鑄之後熱鬧異常：

> （紅娘）犯人當面。
>
> （鶯鶯）張生。

---

[1] 〈精忠記‧掃秦〉，《綴白裘》，第三冊，五集，頁 53。參考版本：《六十種曲》，第二冊，頁 997。

（紅娘）答應

（張生）有。

（鶯鶯）你既讀孔聖之書。

（紅娘）你既讀孔聖之書。

（鶯鶯）必達周公之禮。

（紅娘）必達周公之禮。

（鶯鶯）夜靜更深，到此何幹？

（紅娘）快快招來，免受刑法。

（張生）都是紅娘這丫頭不好。

（紅娘）啐！與我什麼相干？都是小姐不好。

（鶯鶯）哎！賤人胡說！張生。

（紅娘）答應。

（張生）有。

（紅娘）響些！

（張生）有！

　　《綴白裘》版安排鶯鶯的詰問分三次道出，每問一句紅娘丫頭就重複一句，給紅娘捉班做勢的戲做。從張生的立場來說，興致勃勃依約來會，無奈鶯鶯變臉，「受審」時總得想法子抹拭掉一絲挫辱。這樣的場面攀扯鶯鶯他是不敢的，於是就安排他攀扯上紅娘：「都是紅娘這丫頭不好」。紅娘水晶心肝，通透慧敏，立刻點出肇事者：「啐！與我什麼相干？都是小姐不好。」鶯鶯小姐心思被點破，羞赧轉為佯怒，脫口斥責，並立刻轉移焦點再訓張生。紅娘眼看小姐態度不明，此際不宜揭底，加上主僕上下關係的考慮，又立

刻站到「鶯鶯法官」這邊來，命張生「答應」、「響些」，給鶯鶯小姐做足氣勢，以便義正辭嚴唱接下來的【黃鶯犯桂花】（今日見何差），肯定張生卓絕才華，責怪他偷香行徑，期許他戮力功名。[2]

　　表演方式由鶯鶯一人一口氣說到底，改為鶯鶯分段說出，紅娘複述。又添入張生的反應、紅娘的機敏，如此一來，三人的交鋒互動緊密侔貼，戲劇情境熱絡紛鬧。

　　〈玉簪記・秋江送別〉則刻意在年輕愛侶強遭拆散的別離渡口興波做浪，讓觀眾和這對戀人的情緒一起隨著波濤上下顛揚，〈秋江送別〉劇譜法誠姑母發覺潘必正與道姑陳妙常兩人有戀情，催逼潘必正赴臨安會試，並親送到江邊登船。《綴白裘》多了兩段有趣的情節：

> （小生　潘必正）舡家，只怕今日江中風大，去不得。
>
> （付　舡公）個個相公從不曾出路個來，江中無風也是有風個。個樣風極小個哉。
>
> （丑　進安）搖上來。
>
> （舡公）阿要說介說去？
>
> （進安）吾要多少？
>
> （舡公）要介一兩二錢白銀。
>
> （進安）蘇州人殺半價，竟是六錢銀子。
>
> （舡公）弗肯。
>
> （進安）就是七錢

---

2　〈西廂記・着碁〉，《綴白裘》，第五冊，九集，頁 109。參考版本：《六十種曲》，第三冊，頁 1500。

（艄公）弄弗來。

（進安）八錢如何？

（老旦　姑媽）就是八錢。

（艄公）八錢，昨日去哉。

（潘必正）蠢才！你要多少？

（艄公）實落要介一兩銀子亙。

（潘必正）呸！狗才！這裡到臨安有多少路，還你八錢銀子還不肯？姑娘回去，明日再來叫罷。怎麼受這樣小人的氣！

（姑媽）我兒，出路的人沒有轉去的理。進安，就與他一兩銀子罷。

　　首先是潘必正藉口風大不利行船，推拖不成，又拿討價還價的艄公當墊背，一而再地找藉口冀圖回轉。儘管潘必正用了「天不時」（風大不利）、「人不和」（討價未果）兩計，可惜二計均不售，只得堅頭霜、按心火，黯然登舟而去。

　　接下來，《綴白裘》也為妙常買舟這場戲添一筆頓挫：

（貼　陳妙常）我要趕着前面會試相公的船，要寄封家書到臨安去。快些趕着了，船錢重些。

（淨　艄公）小小年紀，僭個會試相公？——不要管，只要多詐些銀子。前頭個隻船去遠哉，趕弗着個哉。

（陳妙常）一定要趕去的。

（艄公）船錢阿要講講？

（陳妙常）你要多少？

（艄公）若要趕着前頭個隻船，要介五錢銀子虱。

（陳妙常）就是五錢，只要你趕去。

（艄公）阿喲，奧勞弗說子一兩哉。弗要說哉。請下船來

（陳妙常）快些！

（艄公）這是我個隻船頭還擱來里乾岸浪來。

（陳妙常）快些！

（艄公）是哉。

（陳妙常）快些！只管慢騰騰！

（艄公）阿呀，搖子個半日，船纜弗曾解來，等我去解子纜介。

（陳妙常）快些搖上去！

（艄公）小師父，我看你火性不曾退，來出儕家？

（陳妙常）不要胡說！快些搖！

（艄公）小師父，坐定子，得我唱隻山歌你聽聽吓。

（陳妙常）不要。

（艄公）得我唱。

（陳妙常）不要唱。

（艄公）偏要唱。

（陳妙常）搖又不搖，唱什麼山歌！

　　艄公自我怨責、忘解船纜、觀顏察色、高歌抒懷……溫吞的行動恰與陳妙常的憂灼成反差。我們再回頭看《玉簪記》原作，原作中，潘必正登船的情節是這樣的：

（丑　進安）已到關口。梢水看船。

（淨艄公梢水上）船在此

（進安）我相公上京赴試。叫你船到臨安。賞你一兩銀子作
船錢

（艄公）就去就去。

（老旦　姑媽）就此開船。休得轉來。

至於稍後陳妙常買舟的情節也只是：

（小淨艄公上）聽得誰人叫。梢水就來到。到哪裡去的。

（旦　陳妙常）我要買你一隻小船。趕着前面會試的相公。
寄封家書到臨安去。船錢重謝。

（艄公）風大去不得

（陳妙常）不要推辭。趁早開船趕上。寧可多送你些船錢。

（艄公）這等下船下船。（唱吳歌）

原作只簡單地驅策事件推進，平淡乏味。《綴白裘》版利用付、
淨扮的兩位艄公與丑扮的進安織造一股諧喜的氛圍，籠覆潘必正、
陳妙常竭力拘挽情勢的努力；襯托兩人不甘不捨、五內憂灼的焦
急；鋪墊下一個關目兩艘江船離湊分合的科介，催發高度的戲劇性
與感染力。[3]

又如〈雁翎甲・盜甲〉，為了突顯時遷赴徐寧府宅盜取雁翎寶
甲的驚險，參考《水滸傳》小說，在重重硬體防護之外，加入兩道
關卡——先是來了個掌燈夜巡的老漢：

---

[3]　〈玉簪記・秋江送別〉兩段引文見《綴白裘》，第一冊，二集，頁 24-25、
26-27。原作兩段引文俱見：《六十種曲》，第三冊，頁 1886。

（丑　時遷）不免撬開他的。（腰裏拔斧，作撬門嚮介）

（末　老漢內）吓！是那個敲門？老漢起來了。（提燈籠上）
忙將燈火炤，誰人在外敲？是那個？待我開門出看

（時遷縮半邊，老漢兩邊炤介）嚇！什麼響？

（時遷扒進門介）

（老漢）沒有什麼吓，想是風吹響的。不免關了門進去罷。
（將燈籠放在地下，作關門，丑腰內拔火筒，吹映燈籠火介）

（老漢）阿呀！火映了！

（時遷縮半邊介）

（老漢）嚇！風也沒有，為何火映了？奇吓！

（時遷做鬼叫介）

（老漢）咦！這是鬼叫吓。

（時遷又叫介）

（老漢拍額角擎燈籠介）呃嘿！我是不怕鬼的　！

（時遷撒泥屑介）

（老漢）啐！什麼？

（時遷又撒介）

（老漢作寒戰戰抖介）呔！（渾下）

（時遷開門出看，又開大門介）咦！這老兒被我一嚇嚇了進
去了。

很快又出來一個閨房隨侍的丫鬟：

（時遷摸介）這頭是房門，要緊的。不免撬開他的。
（取斧撬介）

（旦　女主人內）秀蓮！秀蓮！你聽外面什麼響吓？

（付　秀蓮內）無儕個響。

（女主人內）起來看看。賤人看仔細！

（秀蓮拏紙燈火上）儕個響介？半夜三更要我冷冰冰介起來！

（開門走出，將火炤介）

（丑從背後拏火筒吹映紙燈火介）

（秀蓮）阿呀！鬼火映裏哉，像是個隻貓哉。無儕個。

（丑做貓叫介）

（秀蓮）吾說是個燒願個。呀奶奶。

（女主人內）是什麼響？

（秀蓮）無儕個，貓捉老鼠了。

（丑先扒進門，將腳絆秀蓮膀介）（秀蓮）阿唷！阿唷！一個爛痔膀磕痛里哉。

（丑又貓叫介）（秀蓮）阿唷！阿唷！（渾下）

（丑又開房門出介）妙阿！[4]

　　時遷先用火筒吹熄燈火，再順勢與對方打心理戰：對方懷疑是鬼，就發鬼聲驚喝之；懷疑是貓，就學貓叫蒙蔽之。增加老漢與丫鬟夜巡情節，雖然這兩人對神偷不太具有威脅性，不過卻提升行動的難度，放大戲劇的表現力：盜甲行動需有高強的武藝，還得要有臨場應變的機智。這兩段增益的情節同時也泛漾徐府濃厚的生活氣息。

---

[4]　〈雁翎甲‧盜甲〉兩段引文見《綴白裘》，第一冊，二集，頁 152、153。參考版本：《偷甲記》（台北：天一出版社，不著出版年），上卷，頁 54a-b。

又如〈清忠譜‧打尉〉，劇譜北京東廠校尉到蘇州逮捕周順昌，激起民憤，顏佩韋等人怒打巡撫毛一鷺，打死校尉。在這個群情激憤的場合，《綴白裘》增加了一段戲：

> （眾上）毛都堂來哉，搕俚一身陽溝泥，勒介打得快活！官府纔弗見哉？
> （丑　周文元）阿呀！周老爺介？
> （淨　顏佩韋）囉裏去哉？列位，我俚一面去尋周老爺，一面到山塘上去拆魏太監個祠堂，如何？
> （眾）有理。
> （周文元）列位，再分一半人到胥門外頭去拔校尉個船起來燒吓！
> （眾）有理。[5]

原作寫群眾打了毛都堂，《綴白裘》版還進一步拆魏忠賢祠堂、火燒校尉船隻，裂地翻天的群眾抗爭活動火上澆油，難以收拾。

再如〈繡襦記‧當巾〉的後半，演鄭元和中了煙花計，來到賈二媽的住處，欲探尋李亞仙之下落。然而此宅實是崔尚書的府邸，並無賈二媽此人，鄭元和的書僮來興就是被賣到這裡的。崔府門子驅趕衣著襤褸的鄭元和，爭吵間來興（此時已改名崔東喬，深得新主寵愛，轎夫敬稱七叔）恰巧趕到，來興猶念主僕舊誼，贈衣贈金，

---

[5]　〈清忠譜‧打尉〉，《綴白裘》，第五冊，九集，頁181-182。參考版本：《李玉戲曲集》，下冊，頁1346。

歷數前情。《綴白裘》多了一段情節，演來興離去後，崔家轎夫誤認鄭元和是賊，強剝下適才來興所贈的華服：

（淨　轎夫撞鄭元和介）吓是儕人？

（鄭元和）我是尋七叔的。

（轎夫）弗要是白日撞吓！

（鄭元和）狗才！胡說！

（轎夫）前日子書房李弗見子一個古董老壽星，亦弗見子轎帽，日日拉里淘氣，分明吓個班瘟賊偷子去，今日亦拉個搭撞哉。

（鄭元和）胡說！崔東喬！崔東喬！

（轎夫）咦！吓身上個件衣裳是我里七叔個吓，你偷得來著拉虱哉。脫下來！

（鄭元和）這是七叔與我穿的。

（轎夫）呔！吓快點脫下來罷哉，弗然，拿吓鎖拉庭柱上打你個腳骨！

（鄭元和）狗才！胡說！

（轎夫打、剝衣介）[6]

有心娼家的「巧取」，無知莽夫的「豪奪」，使得鄭元和的人生從雲端跌落泥地，《綴白裘》多出來的這段情節，放大表現鄭元和淪跌的終境：一無所有，連最後的一件蔽體之衣都無法保住！而來興贈送的這件華服被剝、奪，正好與後面李亞仙裏包他的「繡襦」兩相呼應。精到的改編，讓觀眾看到在來興贈與的華服與亞仙裏包

---

[6]　〈繡襦記・當巾〉，《綴白裘》，第五冊，十集，頁 74。參考版本：《六十種曲》，第七冊，頁 4059。

他的繡襦之間，鄭元和必須過著與原階級大不相同的底層生活，經過多次的試煉——淪跌為歌郎、乞丐。直到繡襦裹身，他的人生曲線才能由底層翻轉上揚。

〈掃秦〉敷陳秦檜奸偽的個性和內心的暗影。〈秋江送別〉在分袂渡口織造諧喜氛圍，與下面追別暫聚的關目串連出悲欣交濟的舞台表現力。〈盜甲〉突顯神偷的機智和環境的生活氣息。〈打尉〉表現群眾百憤駢增之激情，提高了民變驟起、震撼人心的火爆程度。〈當巾〉誇大鄭元和從有到無的慘況，對比後面從無到有的轉折，似乎也帶著否喜互倚的哲理。從這些例子看來，《綴白裘》改編後的藝術效果之一是放大舞台演出的戲劇性、戲劇張力，即時精確地朗現劇作的情境與主題，甚至進一步抉發深化劇作文本的視景。

## 第二節　塑造人物飽滿形象

在舞台上，戲劇人物不但是劇作家情感理念的代言人、主體精神意識的載體，也是梨園表演家吸引觀眾目光的資具，故而舞台演出須敷陳人物的鮮活形象，拱聚人物獨特的品貌性格，才能招取觀眾賞愛。

以《繡襦記》為例，劇中服侍李亞仙的婢女銀箏丫頭在原作中並不起眼，《綴白裘》版則用兩段個段落塑造銀箏知趣又勢利的立體形象，讓這個配角人物脫胎換骨。第一段，鄭元和首度入院尋訪李亞仙，當鄭元和送上百兩銀時：

（老旦　李大媽）阿呀呀，小房陋狹，怎麼敢受相公的厚賜？這個是斷斷不敢受的。

（小生 鄭元和）莫嫌輕。請收了。

（旦 銀箏）娘吓，自古道：『長者賜，少者不敢辭』既承大爺的美意，娘若不受，只道是嫌輕了。今日權且收下，倘然日後大爺要用，元拿得出來的喲。

（丑 來興）正是。拿得出個。

（李大媽）如此收了

（鄭元和）還有粗幣十端，與令愛聊為見面之禮。

（李大媽）方纔這銀子是勉強收在此的；這個禮物是斷然不敢受的。

（銀箏）娘吓，多的受了，少的不受，只道嫌輕了吓。況且這樣好顏色，做衣服與姐姐穿了，也是鄭大爺的體面。待銀箏一發收在那里。

（來興）極是穀。一發收子進去。

（鄭元和）再取銀子來。

（來興）是哉。

（鄭元和）白銀十兩，聊為一宵之饌。

（李大媽）相公又來了。難道一個小東，老身備不起，要相公費心麼？大叔收了去。

（銀箏）娘吓，鄭大爺的來意，不要推了，老實收了罷。明日娘再備得的喲。

（李大媽）這是不好受的。我們這里備。

（來興）亦收子進去哉。老親娘，個位大姐叫僜個？

（李大媽）叫銀箏。

（來興）那間弗要叫哩銀箏，改子皮海兜[7]罷。

（李大媽）這是怎麼說？

（來興）有數說個，水淺弗漏皮海兜。纔收拾子去哉。

《綴白裘》版的銀箏一開口就引用古語名言（自古道：「長者賜，少者不敢辭」），瞬間拉近了她和鄭元和這個「讀書人」的距離，順勢把自己變成了鄭元和的代言者。李大媽每一推卻，銀箏就替鄭元和講出一番更體面、更貼心的場面話，有如此叩彼響的常山靈蛇，給鄭元和做足了面子：「既承大爺的美意，娘若不受，只道是嫌輕了。今日權且收下，倘然日後大爺要用，元拿得出來的喇。」、「多的受了，少的不受，只道嫌輕了吓。況且這樣好顏色，做衣服與姐組穿了，也是鄭大爺的體面。」、「鄭大爺的來意，不要推了，老實收了罷。明日娘再備得的喇。」。這些話一句句、一聲聲拉提撐托鄭元和「大老官」的身分，強化鄭元和對這個身分及其相應的消費行為之全幅認肯。鋪下了這層心理基礎，鄭元和的銀子也就一筆一筆、滴水不漏地讓李大媽給掙進了口袋。

銀箏伺候鄭、李進房後，來到李大媽跟前討人情：

（李大媽）好吓，真正是個大老官。

（銀箏上）娘吓，他每多進房去了。

（李大媽）銀箏，鄭大爺是個貴公子，你要小心服侍他。

（銀箏）娘吓，你好造化，接着了這樣大老官，做人又好，又肯出錢。方纔送禮的時節，我的話可說得好麼？

---

[7] 海兜是一種供個人撈捕魚蝦的網狀漁具，網狀漁具一定是留住漁獲、流出水分，皮製的海兜則滴水不漏。來興此言形容、諷刺銀箏海撈一票，纖微不漏。

（李大媽）說得好

（銀箏）可是講得妙？

（李大媽）講得妙。虧你。

（銀箏）娘吓，明日要做幾件好衣服與我穿的噓。

（李大媽）我的好兒子吓，我明日就做與你穿。

（銀箏）娘來。

（李大媽）怎麼？

（銀箏）我每接了這樣大老官，也該燒個利市了吓。

（李大媽）是吓，該燒利市。明日就燒。

（兩人全笑下）

抱著一點私心，一上來，銀箏並未恃功輕進，而是先說老人家、老鴇最喜歡聽的話：「好福氣」、「大老官肯出錢」。趁李大媽開心之際，隨棍打蛇，反問李大媽「我的話可說得好麼」、「可是講得妙」，讓李大媽不得不主動承認她的輔弼之功，然後，才說出自己做新衣服的要求。末了，銀箏還不忘替李大媽「著想」，提醒她要燒個利市，燃起彼此內心狠撈一票的熾烈冀盼。

經過梨園表演家的錦腸繡手，李亞仙身邊不起眼的婢女銀箏，不再只是個普通丫鬟，而是真真正正妓院裏長大，識眼色、有手段的歡場一員。[8]

〈占花魁・串戲〉，劇譜西湖花魁王美娘不願曲承花花太歲万俟公子，遭剝衣除鞋、棄置江塘。《綴白裘》編創了一段下場式，加演万俟公子的清客祝二青評論王美娘的「愚行」：

---

[8]　〈繡襦記・入院〉兩段引文見《綴白裘》，第一冊，二集，頁 220-221、225。參考版本：《六十種曲》，第七冊，頁 4018-4022。請注意〈入院〉的銀箏是「旦」應工，亞仙是「貼」應工。

（丑　祝二青）咳！蓋個忤逆種，爺個說話纏弗聽個哉！好
好裏一個鳳儀亭弗做，倒做子錢玉蓮投江哉。

　　祝二青與万俟公子沆瀣一氣，說王美娘是「忤逆種」，不知好
歹，自作自受。《綴白球》版讓祝二青引用戲曲典故，將王美娘不
願曲承，遭棄寒江雪塘與《荊釵記》女主角錢玉蓮不受威逼投江明
志相提並論。這段話反言見意，導引觀眾回視錢玉蓮的遭遇，進一
步盱覽眼前一介委弱女子堅肯的心性。[9]

　　〈黨人碑‧酒樓〉，原作劇譜狂生謝瓊仙因打碎毀謗忠臣吉士
的「黨人碑」，被蔡京黨羽逮補，謝瓊仙義兄傅人龍在酒樓聞訊，
急得請相士劉鐵嘴占卜義弟之吉凶，並求劉鐵嘴指點救助訣竅。傅
人龍聽了劉鐵嘴的建議後留下酒錢匆匆離去，下場式演一旁的酒保
打趣道：「劉先生，你做這樣生意，一點也勿吃力個，嚼了三四句
蛆，二三分銀子就騙到手哉！」。劉鐵嘴順勢要求酒保用傅人龍留
下的多餘酒錢做晚餐給他吃，但多餘的酒錢做碗稀飯都不夠，酒保
當然不依，經劉鐵嘴討價後，酒保爽快地答應做炒飯請劉吃。《綴
白裘》的版本在原作的基礎上，增加兩句話，鍛鑄算命仙的形象。
《綴白裘》的劉鐵嘴對酒保說自己不但有本事騙酒吃：

還要騙殺子人弗償命個來！

並進一步引誘酒保：

我教子吾個騙酒吃個方法如何？

---

[9]　〈占花魁‧串戲〉，《綴白裘》，第五冊，十集，頁 232。參考版本：《李玉
　　戲曲集》，上集，頁 276。

　　酒保信以為真，爽爽利利做一盤炒飯請劉鐵嘴，當場就上了劉鐵嘴的當！改編後將劉鐵嘴的滑俏口舌表現得更加鮮活立體。[10]

　　〈一捧雪・送杯〉莫成送（假）杯到嚴府，原作在莫成離去前，家院轉交了十兩銀給莫成，是嚴東樓賞下的一飯之需跑腿費。《綴白裘》改為家院、湯勤、莫成幾句對話互動：

> （外　院子）湯官人，方才老爺賞他這個十兩頭呢？
> （付　湯勤）正是，忘記哉。方才老爺賞你折飯銀十兩拉虱書房裡，改日帶拉吓子罷。
> （末　莫成）這個送與湯官人罷。
> （湯勤）個樣銀子，吾大家八刀哉。
> （院子）唔，小氣得緊。

　　《綴白裘》的改動讓院子、湯勤、莫成三個人物的形象更鮮明：院子的提問，顯示他掌握相府行事規範，明事幹練；湯勤的說法，可知他不著痕跡地將嚴東樓賞下的十兩銀子私吞下肚，表現其人貪財狡譎；莫成的大方恭謹，不僅是順水推舟的體貼慷慨，還可以看出他虛與委蛇，急欲脫身的心念。[11]

　　另外如〈水滸記・劉唐〉，劉唐到酒店，展現過人酒量，大塊吃肉大口喝酒，付帳時直接用牙齒咬下銀子，表現江湖好漢的粗曠豪邁。〈鐵冠圖・夜樂〉加入虞侯撇下妻妾歌妓自己逃命的情節，無恥官吏的貪生寡恩的形象因而強化。〈彩毫記・脫靴〉增演李白

---

[10] 〈黨人碑・酒樓〉，《綴白裘》，第四冊，八集，頁 91、92。參考版本《黨人碑》：（北京：中華書局，1988 年 12 月），頁 31。

[11] 〈一捧雪・送杯〉，《綴白裘》，第一冊，初集，頁 185。參考版本《李玉戲曲集》，上集，頁 30。

命高力士為他脫靴，高力士不從，李白醉打高力士的情節，將詩仙慢傲狂放的形象安措在具體的戲劇行動中。〈八義記‧翳桑〉則參考《後漢書》及二十四孝的蔡順故事，增加靈輒將採獲的桑葚分為酸、甜兩堆，酸者自食、甜者奉母的情節，加深出場不多的靈輒給觀眾的印象，同時宣發風教思想。

綜上所述，《綴白裘》握持戲劇人物本具的普遍概括性，配合客觀事件與主觀感情自然而然的邏輯，掬塑立體的人物形象，傳遞人物細緻的心理繫念，達致鮮活豐妍的藝術效果。

## 第三節　增添笑料勾發諧趣

戲曲表演的源頭之一是滑稽調笑的「戲弄傳統」[12]，舞台演出常見勾發諧趣的表演內容，這些助情熱意、取悅觀眾的笑料絕大多數都不是劇作文本提供，而是梨園表演家編的。《綴白裘》增添的笑料又有哪些呢？

舞台上公開說說無傷大雅的黃色笑話，一向是演員的拿手活，如〈琵琶記‧訓女〉牛小姐的奶娘老孃孃向牛丞相施禮道：

> （淨　老孃孃）老爺在上，老婢在下
> （生末二院子）什麼上下！
> （老孃孃）分子上下好說。我也弗知老爺個長短，你也弗曉
> 　得我個深淺[13]

---

[12] 高友工：〈中國之戲曲美典〉，《中國美典與文學研究》（台北：台灣大學出版中心，2004 年 3 月），頁 342。

[13] 〈琵琶記‧訓女〉，《綴白裘》，第三冊，五集，頁 2。參考版本：《六十種

又如〈荊釵記・說親〉，錢流行將女兒許給荊釵為聘的貧士王十朋，勢利的錢繼母向張姑媽抱怨道：

（付　錢繼母）你瓦阿哥弗會幹事了
（丑　張姑媽）我個娘吓老娘家在哉耶，將就子點罷。[14]

再如〈鸞釵記・遣義〉，劉繼祖母叫來朱義（丑扮），要他去「幹事」（殺人），朱義以為她守寡太久，要找他來「幹那件事」，立刻跳進被窩裡。

有時是以男風為取笑點，如〈西廂記・遊殿〉普救寺法聰和尚自報家門：

（付　法聰）我做和尚吸哄，生平酷好男風：竭男兒徒弟，只算家常茶飯；笊先生師父，本是的親老公。[15]

又如〈尋親記・遣青〉，土豪張敏命手下宋青去「幹事」（殺人），宋青會錯意，不甘不願地說：

（丑　宋青）員外叫我幹事了，弗道是介把年紀還要交卯運。來，員外，粗臀奉獻。[16]

---

曲》，第一冊，頁 43。
[14] 〈荊釵記・說親〉，《綴白裘》，第二冊，三集，頁 19。參考版本：《六十種曲》，第一冊，頁 213。
[15] 〈西廂記・遊殿〉，《綴白裘》，第四冊，七集，頁 160。參考版本：《六十種曲》，第三冊，頁 1442。
[16] 〈尋親記・遣青〉，《綴白裘》，第五冊，九集，頁 189。參考版本：《六十種曲》，第一冊，頁 668。又，宋青《六十種曲》本作宋清。

除了黃色笑話，還有污言穢語，梨園表演家熟稔箇中突奧，增添汙言穢語，傳佈輕鬆諧趣，如〈永團圓·計代〉：

> （丑　老畢）喂！大小姐投江死哉？吾個丫頭到造化哉介。
> （付　秋菊）儕造化？
> （老畢）少倒子一個馬桶哉介。
> （秋菊）啐！測死個！我是要罵個噓！
> （老畢）蓋個丫頭弗識好人個！吾虱老爺時常對我說，秋菊個丫頭長大哉，夜裏亦要出尿，貨落子渠罷。
> （秋菊）蓋個毬養個！
> （老畢）我說出尿有介一個方法拉里。
> （梅香）儕個方法？
> （老畢）討介一個老囝塞住子渠個尿眼就弗出哉耶。

老畢意指小姐投江，樂到梅香，少倒一個馬桶，反而省事。又打趣秋菊夜尿，並牽扯到性話題。[17]

〈琵琶記·掃松〉牛府使者李旺告訴張大公蔡伯喈入贅牛府有其苦衷，蔡並非忘恩負義之人，榮貴之後還常常想著張大公的恩典：

> （丑　李旺）……怪道我家老爺在京時刻想念，吃茶也想，沒有張大公怎有這樣好茶吃；吃飯也想，沒有張大公怎有這樣好餚饌吃。一日，老爺在毛廁上登東，說：李旺，看粗紙

---

[17] 〈永團圓·計代〉，《綴白裘》，第一冊，初集，頁120-121。參考版本：《李玉戲曲集》，上冊，頁333。

伺候。小的拿了粗紙去，見老爺掙紅了臉，說：阿呀！我那
張太公吓！

李旺為了說明蔡伯喈「背後思君子，方知是好人」，舉例說他
不但吃茶的時候想、吃飯的時候想，連上廁所都想，誇言取嗤，博
人捧腹。[18]

〈義俠記·戲叔〉演武大安慰潘金蓮不要因武松忤嫂生氣，《綴
白裘》由「氣」牽扯到「屁」：

> （丑　武大）阿呀！我的娘吓！吓是氣弗得個，前夜頭氣子
> 了，放子一夜個屁，虧得我兩個膝饅頭塞住子。[19]

〈雙官誥·夜課〉三娘碧蓮因先主人之子不用功，氣得打子燒
書，直到碧蓮之母來勸才緩和下來，《綴白裘》多了一段老人家自
得的話：

> （丑　碧蓮之母）虧我出來得早，弗然沒，亦是半死個一頓
> 虱。昨夜頭出子尿，阿弗曾打來。

在碧蓮與先主人之子一場劍拔弩張之後，丑扮的老人家一語鈎
轉，抖出少主尿床糗事，緊張的氣氛因此緩解。[20]

再如〈四節記·嫖院〉，潑皮賈志誠精心打扮來到妓院，龜公
大喊：「外頭有一個天大地大的大嫖客」，妓女們趕快迎了出來：

---

[18] 〈琵琶記·掃松〉，《綴白裘》，第二冊，四集，頁 170。參考版本：《六十
　　種曲》，第一冊，頁170。
[19] 〈義俠記·戲叔〉，《綴白裘》，第二冊，四集，頁 182。參考版本：《六十
　　種曲》，第十冊，頁 6156。
[20] 〈雙冠誥·夜課〉，《綴白裘》，第二冊，四集，頁 249。

（二旦　妓女）相公。

（丑　賈志誠）我說為儕了，屁眼頭急支支，兩個屎頭突子
出來哉。[21]

還有〈紅梅記・算命〉算命仙嫌瞽妻嘴饞貪吃，將兩升蠶豆吃
個精光：

（淨　算命仙）……那二升蠶豆是小事，吃了也罷了，你睡
到半夜裡，只聽到你的屁眼子裏頭匹拍匹拍，放了一夜的甕
臭屁！咳！你就放幾個乾的也罷了，竟臨了又放個帶漿屁，
弄了一被窩屎，把我的臉都薰黃了！

女主角盧昭容問算命仙她和裴生的佳期，算命仙唸唸有詞，喃
喃半日，下結語說裴生有犯歲之厄：「要到七月十三日出宮，准准
的在宮裏坐了十個月」，瞽妻立刻插諢，製造笑料：

（丑　瞽妻）小娘子，他十個月沒有出恭。

算命仙與瞽妻一淨一丑，動作詼諧矛盾，滿口汙言穢語，增加
突梯戲謔的效果。[22]

又常見《綴白裘》安排付、淨、丑應工的癡騃卑下人物以誇張
的動作、違常的情節、逗趣的言語、俗俚的醜態塑造詼諧效果。

〈人獸關・演官〉劇譜謀財負恩的桂負之帶著大舅子尤滑稽進
京買官，尤滑稽騙桂負之好事將成，讓桂負之穿戴官服演習官體禮

---

[21] 〈四節記・嫖院〉，《綴白裘》，第六冊，十二集，頁 76。

[22] 〈紅梅記・算命〉，《綴白裘》，第四冊，七集，頁 14-18、21。參考版本：
《紅梅記》（台北：天一出版社，不著出版年），頁 26b、27b。

節。增加的情節先是從衣飾發揮：桂負之亂戴官帽，遮沒雙眼；緊束的員領穿上身，喘氣咳痰；環形束帶套腰間，前後不分，暴露鄙背粗直的真面目。穿戴完畢，開始演習會同僚、迎賓送客，表現桂負之的失禮醜態以娛樂觀眾。

接下來兩人學打官話：

（付　尤滑稽）請問寅翁幾時命下的？

（淨　桂負之）前故而子。

（尤滑稽）兩個毥子？

（桂負之）吓個個人官話聽弗出個，直話說道：「前個日子」。打官話沒說道：「前故而子」哉耶。

（尤滑稽）阿要笑話虱？官話只有前日大前日，僭個「前故而子」？「前故而子」弗是個官話，直頭是個鳥話哉！

（桂負之）吓倒是個亂話！

（尤滑稽）姐夫，弗是摟，吓個官話直頭要學學虱來。我說出來看吓阿聽得出？「亞你娘麻以雛離，細娘麻付付托迷」

（桂負之）吓拉虱說個哆哈僭個？我直頭一句也聽弗出。

（尤滑稽）弗是，做子官要學個兩句滿州說話，好答應上司。

（桂負之）番青我亦會個，我說出來吓答應。

（尤滑稽）噢！

（桂負之）「亞你娘麻哈喀麻阿哇沒利以雛哈。」

（尤滑稽）着，着！

（桂負之）吓拉虱答應個多哈僭個？

（尤滑稽）那了？

（桂負之）我是拉里罵吥。

（尤滑稽）那說罵我？

（桂負之）頭一句是「吥個兔子吓」；第二句是說道「死烏龜坯」耶。吥倒拉「着着」個答應！

兩人打不標準官話，又講瞎編亂湊滿州話，且練習間的對話盡是粗言穢語，這些粗話夾伴位階較高的官話，對比出高卑雅俗。至於胡謅瞎扯的官話，包袱抖出來原是詈罵貶抑之詞，桂負之、尤滑稽的水準由此可知。

再接下來演習審案：

（尤滑稽）等我告一椿事體拉吥審，吥阿審得來？告狀人進。告狀人當面。老爺告狀

（桂負之）你告什麼狀的？

（尤滑稽）老爺，他罵了小的，小的也罵了他；他打了小的，小的也打了他。是介一椿事體虱，看吥那審法。

（桂負之）個儂難介？把那先罵先打的打他二十。

（尤滑稽）倏答吥個柳思春又得飯飯沒得吃虱來。

（桂負之）那了？

（尤滑稽）要拿個後打後罵個打他二十。

（桂負之）那說到有介審法？

（尤滑稽）姐夫，吥弗曉得喲。

（唱原作曲文）賺些阿堵來償本。

表面上是審事斷案，實則是為了從打官司的兩造賺些銀兩來填買官資費。梨園表演家從原作「賺些阿堵來償本」這句曲文，摳出一段大演習審案的表演，豐富兩個小人險惡、鄙背不文的形象。[23]

《綴白裘》中，諧音致誤、不懂官話、汙言穢語等幾乎成了模式化的插科打諢方式，如〈荊釵記・送親〉，張姑媽送玉蓮到王宅成親：

（淨　儐相）請扳談

（丑　張姑媽）吓！亦弗求個雨，祈個晴，番儕個壇？

（儐相）介沒請說話。

（張姑媽）叫我說出啥個話來吓？有裏哉，請問親家母：你亢個樣窮，是祖上傳下來個呢？還是自家親手掙個？

張姑媽把「扳談」聽成「番壇」，又開了讓貧窮的王家人難以下台的話頭，表現她口無遮攔的粗莽魯直。[24]

〈白兔記・麻地〉牧童也是利用諧音致誤、不通官話博人解頤：

（丑　牧童）趕開子蛇蟲百腳好坐，弗沒要鑽到吓屁眼裏去。

（生　劉智遠）胡說！你也坐了。

（牧童）噢，我也坐子勒說。噲，客人，我裏還是說官話呢？說直話？

（劉智遠）你也會講官話？

---

[23] 〈人獸關・演官〉兩段引文見《綴白裘》，第三冊，五集，頁 142-143、144。參考版本：《李玉戲曲集》，上冊，頁 179-181。「賺些阿堵來償本」句出自【二郎】：待衙門弊要防，立堂規法要彰。寬嚴並用無偏向。賺些阿堵來償本，覓個相知去過贓。今仕路糊塗帳，做什麼居官清正，受盡了林下淒涼。桂負之唱。

[24] 〈荊釵記・送親〉，《綴白裘》，第二冊，三集，頁 41。參考版本：《六十種曲》，第一冊，頁 228。

（牧童）啐！說得出奇的好官話。

（劉智遠）如此倒是官話吧。

（牧童）說官話，單差有兩個白字弗許捉個噱；捉子白字，我說弗說個亃。

（劉智遠）隨你講便了。

（牧童）介沒我說哉嚧。嚛，這個芥人我這裏叫「須州」、「白眼」、「腮代差」

（劉智遠）敢是徐州沛縣沙陀村？

（牧童）硬氍一條筋！弗說哉。

「裝腔」無非是要「作勢」，牧童看劉智遠這個外來客頗具威儀，便將官話來打起，表現自己水準也不低，沒想到一開口就露餡。[25]

〈琵琶記・訓女〉的老孃孃和惜春丫頭則以諧音錯用的方式製造諧趣：

（淨　老孃孃）自從個一日老爺入海去了。

（末　家院）入朝！

（老孃孃）潮，弗是海裏來個？

（丑　惜春）我到日日驚風驚浪過個哉。

（老孃孃）拉我廚房下洗馬桶。

（家院）飯桶！

（惜春）個個老花娘！飯桶，儕個馬桶！

---

[25] 〈白兔記・麻地〉，《綴白裘》，第二冊，三集，頁164-165。參考版本：《六十種曲》，第十一冊，頁6329。

（老孃孃轉述惜春貪玩略）

（惜春）老爺，哩有告，我有訴。個一日我搭小姐拉繡房裏繡老爺個狗牛肚子。

（家院）吘！斗牛補子。

（老孃孃）個個小花娘！斗牛補子，僭個狗牛肚子。

老孃孃和惜春丫頭兩人口舌顛亂，入朝／入海、馬桶／飯桶，你來我往，塑造舞台上魯直卻不失可愛的老少一對寶。[26]

鄙背無文的小人物通常也被塑造成非愚即痴，〈訓女〉有一大段惜春丫頭狀告老孃孃遊春貪玩的段落，描述老孃孃去到花園：「把假山推倒；金魚壓壞；牡丹冤折哉；海棠踏壞哉。一盆細葉菖蒲，認子哩是松毛韭菜了，說道『阿呀！個盆韭菜乾殺哉！等我澆點挹用勒介。』哩竟扯開褲子帶，柞落柞落，一場大尿，澆得哩東倒西歪，根根臘黃，那間倒像老爺個髭鬚」[27]。

〈白兔記・麻地〉劉智遠請牧童說出挑水婦的身世，牧童要求打賞：

（牧童）不幾哈來我？

（劉智遠）與你一分。

（牧童）少勒，我要七厘。

（劉智遠）一分多，七厘少。

---

[26] 〈琵琶記・訓女〉，《綴白裘》，第三冊，五集，頁 2-4。參考版本：《六十種曲》，第一冊，頁 44。

[27] 〈琵琶記・訓女〉，《綴白裘》，第三冊，五集，頁 5。參考版本：《六十種曲》，第一冊，頁 44。

　　（牧童）吓欺瞞我弗識數個僐？阿要我數拉吓聽？一厘、二
　　厘、三厘、四厘、五厘、六厘、七厘。數阿要數半日虱，一
　　分就完哉。

　　牧童黃白不分，只認數字不解單位，誤以為七厘多一分少，愚
闇無知，貪小失大。[28]

　　從這些例子可知《綴白裘》勾發諧趣的方向有二，一是道出黃色
笑話或噁心的汙言穢語，在公開演出場合引介褻瀆禁忌的宣洩感。一
是利用違常的情節暴露小人物粗直不羈的性格缺失、鄙背不文的俗俚
醜態、非愚即痴的言動舉止。也就是以粗俗荒謬的言行嘲弄不幸、暴
露弱點來牽動觀眾的同情心、優越感；或以驚愕突兀、誇張失衡、反
話設喻牽合違背常理的情事來製造落差效果，舒緩日常生活與人文建
制帶來的緊張壓力，達到讓觀眾開懷博髀的娛樂放鬆功效。

## 第四節　歌舞並作百藝俱陳

　　舞台表演吸引觀眾之處除了前三節提到的揥塑豐滿的人物角
色、深拓皦明的題旨情境、旁求謾誕的解頤笑點，還有訴諸耳目聲
色之娛的歌舞百藝表演。

　　崑劇的特色之一在於舞隨曲生，舞出舞收，自開唱至曲終，科
介動作未曾歇止。為了展現所長，吸引觀眾，梨園表演家竭力在劇
本提供的空間中加入歌舞科介，以推進戲劇行動。

---

[28] 〈白兔記·麻地〉，《綴白裘》，第二冊，三集，頁164。參考版本：《六十
　　種曲》，第十一冊，頁6329。

　　典型的例子是《綴白裘》版的〈蝴蝶夢・回話〉，〈回話〉較原作文本增加了五支聲情「富貴纏綿」的黃鐘宮曲牌，俾便演出時隨曲生舞。首先，新寡的田氏怪罪蒼頭沒有立即回報說親結果，讓她翹首空待，蒼頭唱【畫眉序】回道：

> （淨　蒼頭）夫人
>
> 何事忒朦朧　直恁將人認虛空　勸伊家息怒　須言語從容
>
> （蒼頭報說公子聞訊歡喜，略）
>
> 百般的喜上眉峰　有一事心驚怕恐
>
> （貼　莊妻）怕什麼
>
> （蒼頭）公子道，堂前擺著兇器，心中有些害怕。
>
> 道喜今得遂鸞鳳種　怕只怕堂前器兇

　　蒼頭請田氏暫息怒，並帶來好消息，說他家公子楚王孫願娶她，但懼怕堂前凶器，這支曲子為田氏新寡再嫁帶來第一道難題：喪事未完，如何成親拜堂呢？可以推測這段蒼頭主唱並主導動作，田氏與之配合。

　　其次，蒼頭唱【滴溜子】一支：

> 我虛脾弄　虛脾弄將假言傳送　他百般的百般的　道清淨門風　偏我不做人的分開蓮種
>
> （蒼頭報說公子與莊子有師徒之稱，娶莊妻恐有違礙，莊妻反駁一段，略）
>
> 似御溝流情種　千金不用　花星照命　時來風送

蒼頭又唱，開始吊田氏的胃口，也浮露第二道難題：楚王孫與莊子有師徒之稱，師母怎麼嫁學生呢？這裏應有兩人對比／襯性質的舞蹈身段，拉出兩股對峙的張力。

接著，書僮上場，唱南【鮑老催】：

> 不過尋師訪翁　怎生帶得粧奩用　略停幾日來迎送
> （書僮轉述公子想法，得連夜回去告知楚王，再擇日送聘，才能成親，略）
> 辦行裝　歸故里　休驚恐　秦樓他日成鸞鳳　伊家慢自做牽紅
> （蒼頭）介沒　去收拾行李起來
> （丑　書僮）是哉
> （蒼頭）羞煞吾月下老　白頭翁

書僮帶來第三道難題，公子雖然答應成親，但還得要稟告父親、要擇日、要置辦粧奩，才能正正式式迎娶，蒼頭也假惺惺地感慨倉促間好事難成。可以推測這段表演蒼頭、書僮、田氏三人同舞互動，或許還安排田氏以一對二的動作。

聞此難題，田氏唱【水仙子】一支回應：

> 並並並　並沒那姑與翁　怕怕怕　怕什麼人攔縱　便便便便有那黃金百兩成何用　恁恁恁　恁便牽羊擔酒不為豐　他他他　他多心錯認五更鐘
> （蒼頭）*個個聘禮沒說弗要哉。個個酒席之費是要個喂！*
> （田氏）*酒席之費多少就夠了？*

（蒼頭）*要介十來兩銀子亂嘔！*

（田氏）*何不早說？*

*些些些　些小事莫要頌　又又又　又何須快快泣途窮*

　　田氏開始解化難題，說明自己無翁姑攔嫁，不要聘金，更不須為了酒席之費傷腦筋。田氏這段曲詞的心態更加急切直露，可以推測身段動作力度與速度都有增強。

　　最後，書僮唱【雙聲子】一支：

*他情意濃　情意濃　渾如醉　心已朦　蝶戀蜂　蝶戀蜂*
*花間友　恩愛濃　意綢繆　不放鬆　咦　看他娉婷裊娜*
*疾走如風*[29]

　　書僮將田氏綢繆的情思、娉婷的意態、進房的神色傳達給觀眾。

　　《綴白裘》的調攝安排可以看出〈回話〉這齣戲戲劇行動的推展不是靠齜齜爭辯，而是用一支支曲牌，歌舞並作地鋪陳、敷演出來。從曲文推測，田氏的身段由【畫眉序】的輔襯蒼頭，到【滴溜子】與蒼頭對峙，到【鮑老催】的以一對二，到【水仙子】力度增強成為主導。蒼頭、書僮與田氏象徵的理性與情欲之對立消長也就越來越清晰。當然，觀眾領納心性幽微之際，也同步欣賞到歌舞之美。

　　還有前述的〈繡襦記·教歌〉，這齣戲增加「凳上猴步」、「弄蛇醉步」等雜技、雜耍表演；又增入長詞、短調，末了還由鄭元和

---

[29] 〈蝴蝶夢·回話〉五支曲牌見《綴白裘》，第三冊，六集，頁 158、159、161、161-162、162。參考版本：《山水鄰新出像四大癡傳奇色卷》頁十三 a、十四 a、十四 a、十四 b、十四 b。

還唱了一段【蓮花落】。既有口語宣說又有歌謠唱誦，更有炫人耳目的雜技、雜耍，諸多足以展現演員高超技藝的亮點，使〈教歌〉成為觀眾喜聞樂見的經典劇目。

除了雅緻的崑腔曲唱，《綴白裘》也常加入花部俗／時曲，〈繡襦記・入院〉，多了一段樂道德唱【亂彈腔】，〈繡襦記・扶頭〉扶頭筵席中樂道德又哼了一段「東鄉來的搖棉花腔」，還特別說明是【高調】，【亂彈腔】與【高調】增添了妓院筵席的歡快喜懌。〈麒麟閣・反牢〉，增入山東俗曲【姑娘腔】，《綴白裘》特別註明「浪腔介」、「浪調介」、「浪介」，表演耍腔及大膽奔放的動作，織造載歌載舞的狂歡氣氛，還有〈牡丹亭・勸農〉多了農夫一支【山歌】、〈占花魁・種情〉妓女某唱了三支民間俗曲【剪綻花】，都是增添俗曲活絡點綴氣氛的例子。

《綴白裘》還有一些表現演員講唱技藝的安排，如〈紅梅記・算命〉的算命仙，一口氣說了段長達六、七百字的論命段子。因算命仙帶著絃子，推測這段論命的段子應該是連講帶唱，韻唱散講。這個段子有命書上的韻文對句，有算命仙下的鐵口利斷，貫珠纚纚，快走玉盤，節奏明快，韻律悠揚，有說有唱，充份滿足觀眾聽覺享受。之後，又由瞽妻批命，七言八句，除第三句外全部用韻，瞽妻手中的算盤，正好搖晃出聲，配合節奏。這兩段除了展現編劇的批命、論命知識，更重要的是表現演員的講唱口技。

舞美方面，〈千金記・別姬〉劇譜漢兵略陣，虞姬自刎，慘憤慌急之際，《綴白裘》版特別安排霸王項羽「接鎗舞下」。拔山舉鼎的蓋世英雄意氣已盡，讓他在下場前以武／舞美自譜末路悲歌的終止式，凝塑偉壯的形象。

　　《綴白裘》選了《麒麟閣》的〈揚兵〉、〈反牢〉、〈激秦〉、〈三擋〉，但是〈揚兵〉與後三者劇情完全沒有關係，它是一齣獨立欣賞的折子，劇情極簡極短：尉遲恭上，唱引子，自報家門，表示奉命取晉陽，唱【甘州歌】，曲畢下。這齣戲的末尾《綴白裘》特別安排下場式尉遲恭表演「舞鞭領眾轉下」，觀演重點毫無疑問是淨行的武／舞美，演員運用鞭舞，展現尉遲恭吞虹霓、驚神鬼的架勢。

　　〈紅梨記‧解妓〉和〈荊釵記‧上路〉以及後來改編為崑腔的〈昭君出塞〉等都是載歌載舞的行路戲，有趣的是這三齣行路戲都配置了一位「丑」，〈荊釵記‧上路〉是錢繼母姚氏，〈昭君出塞〉是王昭君之弟王龍，〈解妓〉四妓中也有一妓是丑行應工。論理，求和奉贈的歌妓身材面貌應該都經過挑選，出現一個「丑」稍微不通，然而在舞台上，眾妓之一由丑行應工卻可以靈活搭配其他人的身段，在亮相、走邊時反襯其他人的高、矮、正、偏，俾便形塑畫面隊形的奇正變化。從這個小地方可以看出梨園表演家編創的精到，也因而了解：劇情上〈解妓〉或許只是過場，但它編創的目地與欣賞重點乃是在於發揮演員的表演藝術：如馬鞭的拉、停、打、順、拎、涮、催、勒；四馬伕的跳、躍、趺、撲；眾人行路時舞台調度之穩、快、繁、美等等。

　　〈連環記‧問探〉劇譜曹操與各諸侯會同劉、關、張討戰虎牢關，呂布差能行探子前去探聽，探子探聽敵軍消息後，回到呂布駕前覆命。這齣戲在《連環記》一劇中不屬於重要場次，但經表演藝術家的摳掘添濟，整個觀演效果頓時改觀。能行探子邊唱邊舞，歌舞並作，【喜遷鶯】義軍的陣容聲勢，【出隊子】張飛的勇猛膽氣，【刮地風】關羽的驍勇、劉備的善戰，均賴能行探子的身段復現。

特別的是，戲結束前還發展出一段原作沒有的下場式——「探子使旗下」，可知原作中敵對雙方的恩怨征伐退成淡薄的背景，能行探子的飛轉、騙砍、掃蹬、走跤、筋斗等等輕疾連貫的快節奏動作所展現的武／舞美，才是愜快觀眾耳目感官的主軸。

從前面的說明可以看出，乾隆中期的梨園表演家擅長配合文本提供的空間，在演出中盡情添濟歌舞、百技，結合戲劇人物的行動和演出者的肢體技巧，展現「戲」與「技」、內容與形式結合的藝術追求。

# 第五章 《綴白裘》反映的觀劇態度
## 與劇場規律

　　本章探究《綴白裘》反映的觀劇態度與劇場規律。以下爰就「揄揚儀節展現文化」、「折轉意義另提詮釋」、「著墨副角遣運負角」、「細膩表演擴延腳色」諸端申論。

## 第一節　揄揚儀節展現文化

### 壹、揄揚儀節

　　寓教於樂是傳統戲曲深植的基因，《綴白裘》的儀節演出繁縟異常，不厭其煩地增加作揖、鞠躬、請座、讓座、奉茶、敬酒的細節。以相見禮為例，《綴白裘》的〈鮫綃記·寫狀〉劉君玉與賈主文、〈牧羊記·小逼〉蘇武與衛律、〈連環記·議劍〉王允與曹操、〈浣紗記·寄子〉伍員父子與鮑叔、〈紅梨記·盤秋〉錢夫人與謝素秋、〈荊釵記·男舟〉鄧謙與王十朋、〈琵琶記·請郎〉迎親隊伍與蔡伯喈、〈釵釧記·謁師〉皇甫吟與李若水，〈四節記·嫖院〉賈志誠與王四娘等相見時都鄭重地展演相見儀節，比劇作複雜許多，應對進退等儀節在舞台上得以巨細靡遺地展演。

　　而值得一談的是，梨園表演家利用禮儀展演捻轉出驚人的戲劇性。

比如〈釵釧記‧相約〉，劇譜芸香丫頭奉小姐之命來到小姐未婚夫皇甫吟家，約定半夜花園贈金事項。劇作文本中皇甫老夫人接見芸香時道：「親家那邊來的焉有不坐之理」，芸香道：「如此告坐了」。演起來實在「沒戲」。《綴白裘》版則加油添醋（劃線部份），老夫人與芸香讓座讓了半天：

> （老旦　老夫人）小娘子。
>
> （貼　芸香）老安人。
>
> （老夫人）請坐，請坐。
>
> （芸香）老安人在上，怎敢坐？
>
> （老夫人）吓，親家那裏來的，那有不坐之理？
>
> （芸香）如此沒，告坐了
>
> （老夫人）豈敢。吓，把椅兒上些，上些，再上些。
>
> （芸香）夠了，夠了。
>
> （老夫人）請坐。
>
> （芸香）有坐。

「窮老夫人」與「富家丫鬟」兩人間財富與地位不對等的尷尬，在讓座的儀節中流漾，人情冷暖的味道也慢慢暈散開。不僅如此，這段增益的小小情節還與經常連演的〈釵釧記‧相罵〉形成大大的對比。

〈相罵〉演皇甫吟恐被賺遭害，並未赴花園贈金之約，芸香丫頭堅稱自己親手一一付與，與老夫人互斥無中生有、奸騙錢財。芸香氣得賴到椅子上哭，老夫人捍衛兒子的清白，態度不變：

　　（老夫人）啐！這個所在是你坐的！

　　（芸香）難道是龍位皇位，坐不得的？

　　（老夫人）雖不是龍位皇位，你卻坐不得！

　　（芸香）<u>我到偏要坐！</u>

　　（老夫人）<u>我偏不容你坐！小賤人！</u>

　　〈相約〉的請座、上座與〈相罵〉的賴座、霸座造成前恭後倨的落差，這場小人設阻的誤會更加難解。由於〈相約〉、〈相罵〉兩齣常連演，所以舞台演出透過儀節來製造戲劇衝突，強化對比。[1]

　　還有一個例子是《鳴鳳記》的〈辭閣〉、〈嚴壽〉兩齣，這兩齣在原作中前後相連，《綴白裘》也是連選，《綴白裘》版巧妙運用繁縟儀節突顯兩組人物的反差。〈辭閣〉劇譜都御史曾銑奉命統制三邊，臨行前拜辭大學士夏言以求方略。《綴白裘》多了曾銑與夏言莊重懇切的見面場景：

　　（小生　曾銑）迴避。

　　（眾）吓。（下）

　　（曾銑進介）老太師。

　　（外　夏言）曾先生。

　　（曾銑）老太師，曾銑有一拜。

　　（夏言）不消了。

　　（曾銑）初拜元戎未奏功。

---

[1]　〈釵釧記・相約、相罵〉兩段引文見《綴白裘》，第三冊，五集，頁212、222。參考版本：《釵釧記》（台北：天一出版社，1983年），上卷，頁8b、25a。

（夏言）胸蟠萬甲素稱雄。

（曾銑）從今願挽天潢水。

（夏言）洗干戈戰血紅。看坐來

（曾銑）老太師在上，怎敢坐？

（夏言）先生今日出關，未免有幾句言語談談，哪有不坐之理？

（曾銑）告坐了。

（夏言）曾先生。

（曾銑）老太師。

（夏言）幾時榮行？

（曾銑）特來拜辭太師就行了。

（夏言）先生去促，不能一餞，怎麼處？

（曾銑）不敢。

〈嚴壽〉劇譜趙文華趨炎附勢，提前於奸相嚴嵩壽誕前一日往嚴府送禮，是日嚴府家宴不見客，《綴白裘》版多了一段情節：

（末　門官）今日太師爺家宴，不欵外客，不能相見。

（付　趙文華）少間待我跪門在此，若是太師爺問起，煩大叔稟一聲。

（門官）今日倘不看見呢

（趙文華）明日再來跪

（門官）明日不看見呢

（趙文華）後日再來跪

（門官）好長遠性兒

（內）太師爺出堂

（趙文華跪介）

〈辭閣〉演的是忠臣謀國，周全儀節烘托兩位藎臣的忠悃；〈嚴壽〉演的是小人逢迎，跪門儀節凝鑄庸猥之徒的身形，《綴白裘》多了這兩段情節，突顯曲藏於原作中的批判意識。[2]

再如〈三國志‧刀會〉，劇譜魯肅想要討回荊州，邀關羽過江商議，原作只是簡單地寫兩人「作相見科」，敬酒時「作把盞科」，《綴白裘》版增加了魯肅命手下恭恭敬敬奉酒三杯的細節，把關羽的架子擺大了不少。更發展出一段新的情節：三巡酒後，關羽特地以魯肅敬奉之酒祭青龍偃月刀，並且當眾對寶刀言道：

> 刀吓刀！想你在百萬軍中取上將首級，猶如探囊取物；今日多承魯大夫請某家飲酒，倘席上有不平之處，可也勞你只麼一勞！你也飲一杯。

談判還沒開始，你敬酒，我祭刀，先聲奪人，立於不敗，濃彩重墨地為關羽添上不凡的氣勢。[3]

〈獅吼記‧跪池〉，劇譜蘇東坡造訪友人陳慥，覷見陳慥遭受懲罰，獨跪池畔，東坡決心勸諫陳妻柳氏，三人入廳敘話。《綴白裘》加了一小段情節，演陳慥請東坡坐上客位，之後，他這個男主

---

[2] 〈鳴鳳記‧辭閣〉，《綴白裘》，第二冊，三集，頁 2。〈鳴鳳記‧嚴壽〉引文見《綴白裘》，第二冊，三集，頁 10。參考版本：《六十種曲》，第二冊，頁 1034、1040。

[3] 〈三國志‧刀會〉，《綴白裘》，第一冊，初集，頁 50。參考版本：王季思主編《全元戲曲第一卷》（北京：人民文學出版社，2003 年），頁 69。

人恭恭敬敬地請夫人上坐，透過儀節展演，傳達夫妻倆人乾坤顛倒的「權力關係」。[4]

　　刻意展演繁縟儀節的現象，可能是受到戲曲「禮樂傳統」[5]的影響，並結合清代以日常生活的言動舉止、應對進退等儀節訓練為出發點的蒙學教育而產生。

　　戲曲的發軔與「禮樂傳統」有密切關係，考察歷代劇作主題與戲曲評論，可以看出「以戲為木鐸」的風教觀是中國傳統戲曲創作的特徵之一。在演出實踐上，透過寓教於樂的操作，將禮樂傳統陶冶性情、造就道德理想人格的主張鎔鑄於戲曲舞台，從來不只是想像與口號。外在的環境方面，清代地方官員或鄉紳大力興辦社學、義學、族塾、私塾。同時，出版業的發達，提供了蒙學教材普及化的客觀條件，故有清一代蒙養教育非常普及。[6]蒙養教育主張的系統性道德養成乃是以日常生活的言動舉止、應對進退等儀節訓練為出發點，具體實踐倫理道德的精神內涵。

　　戲曲本具的基質特徵及外在的環境，使得舞台表演一有機會便發揚寓教於樂的操作慣性，鄭重演示作揖、鞠躬、請座、讓座、迎賓、送客等儀節。

---

4　〈獅吼記・跪池〉，《綴白裘》，第三冊，五集，頁 164。參考版本：《六十種曲》，第十冊，頁 6066。

5　戲曲禮儀傳統的研究筆者參考高友工：〈中國之戲曲美典〉，《中國美典與文學研究》，頁 336-338、吳毓華：《戲曲美學論》（台北：國家出版社，2005年 10 月）頁 36-52。

6　張心楷：《明清時代蒙學施教所啟導之文化典範與處世智能》（國立台灣師範大學歷史研究所碩士論文，1999 年），頁 7-12。

## 貳、展現文化

以取悅觀眾為主的戲曲表演，在小小的舞台延伸多元的文化向度：偭背風雅勾發諧趣以宣暢心懷、歌舞並作百藝俱陳以快樂感官、展演儀節助贊風教以昇華進德。從《綴白裘》的改編還可以發現，舞台演出盡可能地添注文化元素、宣發文化風情。

《綴白裘》添注文化元素的作法有部分承襲自戲曲創作與表演傳統，有部分是取材自當下時空。

早在金院本的「打略拴搐」就已經有數各種名物的表演，如「數果子名」、「數星相名」等等[7]。劇作文本著名的例子則有《琵琶記》第十齣〈杏園春宴〉丑扮的令史數馬色、馬名、馬廄、馬飾，這種做法可以稱之為「鋪排物名」。到了《綴白裘》時代，舞台上還可以見到「鋪排物名」的演出，如《綴白裘》版〈浣紗記・採蓮〉的報蓮名。

「鋪排物名」還比較簡單，以「量」取勝，另一種難度更高，更具巧思。其做法是採掇同一物類的名稱，加以有機組織，利用其字面義或諧音，鑲串於戲劇情節表情達意的脈絡中，此方式或可名之為「串名衍義」。「串名衍義」與戲劇情節密合，以「巧」取勝。《綴白裘》的〈連環記・賜環〉裏有就有「串名衍義」，司徒王允府中女樂教習柳青娘吩咐貂蟬等女樂演習歌舞：

> （丑　柳青娘）老爺今日集賢賓，把青玉案擺得端正好，你
> 每兀自踏莎行、鬪鵪鶉，把紫蘇丸打着黃鶯兒，紅芍藥引着

---

[7]　張庚、郭漢城：《中國戲曲通史》（北京：中國戲劇出版社，2006 年 9 月），頁 66。

粉蝶兒，好快活三！叫一聲又不聽，真個惱煞人！一個懶去
上小樓點絳唇，一個懶插一枝花，雙鳳翅，一個不打點穿着
紅衫兒，換了紅繡鞋，翠裙腰舞出六么令；一個不準備捧着
金盞兒，斟出梅花酒，攪箏琶唱出新水令。那裏管老爺吃的
醉花陰、醉扶歸？都似你這等懶惰，誰賞你一錠金、四塊玉！
快快脫布衫，好姐姐，在鳳凰閣上取出神仗兒，各打十棒鼓，
打得你們都做了哭岐婆！

　　柳青娘這段賓白，連綴【集賢賓】、【青玉案】、【端正好】、【粉
蝶兒】等三十多支戲曲觀眾熟悉的曲牌名，利用其的字面義，衍生
成一段責備女樂們貪玩好逸、指導換裝佈置、威嚇體罰加身的賓
白，巧湊妙合，切情切理，充滿盎然的人文趣味。[8]

　　精彩的例子還有〈荊釵記・說親〉，劇譜張姑媽受富家子孫汝
權之託來說親，提親時遇到前來替飽學貧士王十朋說親的鄰居許將
仕，她怕許將仕搶了媒人禮，在大哥、大嫂面前排揎王家[9]：

　　（丑　張姑媽）那間說親事個小官人個爺叫做王芩[10]，渠虬阿
　　爹叫做王芪[11]，王連[12]搭子王柏[13]，纜是渠虬上代頭。個個小

---

[8]　見〈連環記・賜環〉，《綴白裘》，第五冊，十集，頁205。參考版本：張樹
　　英點校《連環記》（北京：北京中華書局，1988年12月），頁10。又，張
　　樹英點校的底本是清抄本，確實的年代不明，這個版本比《綴白裘》版
　　連綴更多曲牌名，更花俏。

[9]　汪校本這段賓白用私名號標示專名（如地名廣東、人名王十朋、中藥名），
　　因汪校本私名號標示罅漏至夥，筆者此處不依汪教本，而以「＿＿」標示
　　中藥名，其他專名則不標。

[10]　王芩即黃芩，通稱子芩。

[11]　王芪王芪、黃芪、黃耆。

[12]　王連即黃連，味苦。

官人叫做苦參[14]，有肝膨食積病個。就是食積之食，肚膨之膨，蓋了叫子王十朋。渠屋裏有一個廣東人叫做陳皮，認子表裏上個一脈，熱撮撮一刻少渠弗得；門前還有一個做豆腐個老老叫做石羔[15]，渾淘淘沖和子來虼騙別人。阿哥，阿嫂，個頭親事阿曾應承個來？

（外　錢流行）應承了。

（張姑媽）成哉？阿呀呀！我個阿哥真正木瓜，吃渠飲片[16]哉！我里囡兒牡丹皮，白芍藥，肉蓯蓉，那了許子良良姜姜蓋個浪蕩子，更兼亦是風藤[17]！

（錢流行）亂語！

（張姑媽）那了弗是風藤？拿別人個桔梗弄硬子，蜜陀僧能介，答別人白芷荊芥難看枸杞個能噓。還有幾個人來屋裏逗進逗出：一個苡薏仁，一個郁李仁，一個瓜蔞仁，專要吃醋蓋個酸棗仁。還有幾個老男兒：胡麻子，貝麻子[18]，車前子搭子蛇床子，更兼還有弗圖人身蓋個大瘋子[19]，纏是渠虼有

---

[13] 王柏即黃柏。
[14] 筆者推測：張姑媽說王十朋的祖父是「王苓」，父親是「王芪」，「王連」、「王柏」是他祖先。因黃連味苦，所以王十朋是「苦」人家所「生」，「苦參」與「苦生」諧音。
[15] 石羔即石膏，也可做中藥。
[16] 飲片是指中藥材進行淨製切製或炮炙後的製成品，既可根據中醫處方直接調配煎湯服用，亦可作為配方製劑之原料。
[17] 「風藤」諧何音、指何事？其義不明。僅知風藤有除痹、起陽、排風邪、強腰腳的效用，見趙公尚編：《中藥大辭典》（台北：新文豐出版公司，1977年12月），頁221。
[18] 貝麻子，不明所指。
[19] 大瘋子應為大風子。

分個噱。特地相交一個<u>史君子</u>，拐帶子個<u>紅娘子</u>，逃走到<u>常山</u>，碰着子<u>檳榔</u>[20]，拿個<u>玄胡索</u>捉得來，送到<u>官桂</u>去，苦惱吓！打得<u>血竭</u>共<u>川山甲</u>得起來，虧渠<u>三賴子</u>，<u>獨活子</u>。那間走來渠虱竈前頭去看看，再番有介一根<u>甘草</u>[21]木席<u>柴胡</u>個了。渠虱娘兒兩個噎子<u>冷飯團</u>，鎮日墩來個<u>苦瓜樓</u>上，一陣<u>防風</u>吹得<u>殭蠶</u>能。個個小官人上身一件<u>青皮</u>，下身一條<u>破褲子</u>[22]，說便粗話，<u>雙花郎</u>纔露出拉外頭，即剩得一隻<u>青箱子</u>換子<u>瞿麥</u>，<u>貝母</u>，<u>天花粉</u>，過得<u>半夏</u>。我問渠并查煎煎弗上<u>七八分</u>，有儕<u>馬屁</u>[23]白來虱要討<u>青娘子</u>！

張姑媽串黃連、苦蔘、肉蓯蓉、苡薏仁、瓜樓、冷飯、半夏等四十九種中藥、草藥名，利用諧音，置換新意，細數王家三代親友的不堪，形容王家的貧困，繽紛多彩，挑起新鮮的感官經驗。[24]

這類「串名衍義」賓白全是由付、淨、丑道出，口條好的演員可以運用氣息的收放舒遏、聲律的抑揚起伏、節奏的緩急頓挫帶給觀眾珠走玉盤、耳不寧傾的享受，是非常能夠吸引觀眾的表演亮點。

常見劇作刻意加入詩、詞、賦、贊等文類，用典雅綺麗的語言表現情感，引發閱讀者共鳴。這些托生於書面的高雅文化元素，舞台演出雖然不一定全都照樣搬演，但卻觸引新點子。如〈繡襦

---

[20] 檳榔可做藥用，推測應是「兵郎」諧音，指士兵。

[21] 甘草推測應是「乾草」諧音。

[22] 破褲子應為破故子。「破故子」是藥名，而「破褲子」推測應是諧音。

[23] 馬勃別名馬屁勃。

[24] 〈荊釵記・說親〉，《綴白裘》，第二冊，三集，頁23-25。參考版本：《六十種曲》，第一冊，頁214-216。

記‧扶頭〉原作有行「水晶」令的情節，眾人行的令句文謅謅：「水晶簾捲微風起」、「盤中唯有水晶鹽」、「一盆花浸水晶球」。《綴白裘》的演法是在「水晶」令之前再加行「水產」令，幫閒鑽懶誘引鄭元和入煙花巷的樂道德當令官，要在場的人說兩種相似的水中生物：

> （付 樂道德）酒來，乾。我說個是斑魚雖小，好像河魨之子，順行，鄭兄來。
>
> （小生 鄭元和吃酒介）泥鰍若大，一似初出鰻鯉。
>
> （樂道德）少子一個乾字，罰一杯。
>
> （鄭元和）受罰了。
>
> （樂道德）我里亞老哉。銀箏篩酒。
>
> （旦 李亞仙）螃蟹橫行，恰似蟛蜞無異。乾。
>
> （樂道德）好！真正聰明！那間是老親娘哉。
>
> （老旦 李大媽）求免了罷。
>
> （樂道德）弗難個，一定要請教。篩酒。
>
> （李大媽）蛤蟆縱跳，豈不錯認田雞？乾。
>
> （樂道德）吓，纏不吭虱說子去哉，叫我拿僒個收令介？吓，吓，吓，有裏哉。篩酒來。（吃介）乾。團魚縮頸，分明翻板烏龜。

活繃亂跳的水中生物一個一個搬上場，熱鬧別緻。各人行的令實乃意有所指，鄭「一似初出鰻鯉」是當下自況；李「螃蟹橫行」

是影射老鴇的權勢；老鴇「蛤蟆錯認田雞」則是她內心的計謀盤算；樂道德更是別有用心，說了個王八烏龜酸妓院眾人。[25]

算命卜卦是古代庶民大眾經常有的經驗，《紅梅記‧算命》讓原作情節暫時駐止，加入巨細靡遺的算命過程、洋洋灑灑的論命段子，舞台上再現觀眾熟悉不過的卜算論命氛圍，展現民俗文化的風情。

不只民俗的算命卜卦，文士階層雅嗜的琴棋書畫也自然而然成為戲曲演出的文化點染，如前述〈西廂記‧著棋〉編創的內容一開始就是鶯鶯與紅娘丫頭主僕兩人的「棋藝知識」問答——鶯鶯「三提問」紅娘：棋有名乎？戰鬥之理若何？是哪個留下來的？紅娘依次回答。紅娘也不甘示弱，來個「二反問」：棋有定勢乎？棋有益乎？鶯鶯也回答了。主僕五個問答只是暖身，並不扣緊劇情，利用棋藝知識添注文化元素的目的相當明顯。

下場式也不乏添注文化元素的例子，如〈兒孫福‧下山〉，劇譜勢利和尚送徐小樓下山返鄉。有趣的是，勢僧在前一齣〈兒孫福‧勢利〉的嘴臉讓人不敢恭維，到了〈下山〉他卻換了一副面孔。原因起於住持引元微之〈聞白居易左降詩〉之「殘燈無焰影幢幢」句，加吟「此日君歸道路長」句送徐小樓返鄉。住持師父吟詩送友，知客勢僧也跟著泛漾文化氣息，因而勢僧送行途中，分別就徐小樓從前遭遇、眼下情景、返鄉生活吟成八句，聊以為贈。送走徐小樓之後，勢僧吊場：

25 〈繡襦記‧扶頭〉《綴白裘》，第四冊，七集，頁 105-106。參考版本：《六十種曲》，第七冊，頁 4022-4024。

（付　勢僧）……莫講他別的，就講他這幾個乃郎。一個個「絲綸閣下文章靜」，我那老和尚在「鐘鼓樓中刻漏長」。咊！我這個孽障「獨坐黃昏誰是伴」？你看這老頭子回去，雖然有了些年紀，到底是「紫薇花對紫薇郎」吓！

　　勢僧引白居易〈值中書省〉詩句自傷，成為一段富有文化氣息的下場式。[26]

　　感性的文化元素可以愉悅感官耳目、陶冶主體心性、感通情思心靈，《綴白裘》刻意添注文化元素、宣發文化風情的例證眾多，可以看出所以除了唱唸作打、歌舞百藝、噴飯笑料之外，文化風情也是觀眾賞愛的焦點。因而梨園表演家挖空心思，回應觀眾此一層面的需求。

## 第二節　折轉意義另提詮釋

　　折轉意義另提詮釋的情形是從折子戲的演出方式引生出來的。

　　折子戲的演出方式有二，其一是就一本劇作去蕪存菁，濃縮成最精采的若干齣，組成一台戲，情節仍有始終。其二是就數本劇作中各選一兩齣，組成花團錦簇的一台戲。[27]前一種可稱之為「串本」或「疊頭」，後一種屬於摘錦性質。從《綴白裘》可以看出來，串本、疊頭的演法其題旨常與原劇作的設定不同。

---

[26] 〈兒孫福・下山〉，《綴白裘》，第三冊，五集，頁 52。

[27] 陸萼庭：《崑劇演出史稿「修訂本」》（台北：國家出版社，2002 年 12 月），頁 274。

　　串本、疊頭演法的題旨之所以與原作產生乖離、位移，主要原因乃在於選演的折子——觀眾有興趣的劇情成分——並非原作的主情節線。

　　以《綴白裘》為討論範圍，可發現這類演法題旨與原作乖離者有三類。

　　第一類是脫軌情慾類，如眾所周知的《義俠記》、《水滸記》，場上觀演重點不在梁山好漢武松、宋江的生平事蹟，而在潘金蓮與閻婆惜的情事。

　　第二是忠僕救主類，如《宵光劍》、《九蓮燈》、《鸞釵記》，三部作品選刊的折子集中在富奴（末）、鐵勒奴（淨）、朱義（丑）三位忠僕救主的副線，至於主角的顛沛流離與否喜遇合，舞台上僅一帶而過。或許是因為明末清初屢有「奴變」[28]，造成社會人心的不安，戲曲舞台上，便藉著戲曲演出歌頌忠僕義舉導正世風。

　　第三類是歷史故事類，最有名的例子是《千金記》選演〈起霸〉、〈撇斗〉、〈拜將〉、〈楚歌〉、〈探營〉、〈別姬〉、〈跌霸〉，觀演重心由韓信助劉邦成王主線轉移到項羽失敗副線。另外，《黨人碑》選演〈打碑〉、〈酒樓〉、〈計賺〉、〈閉城〉、〈殺廟〉、〈賺師〉、〈拜師〉，觀演重心脫離劉逵、謝瓊仙與蔡京黨羽的正邪爭鬥，轉向算命仙劉鐵嘴的翻攪乾坤。這類演出似乎反映當時戲曲觀眾的歷史劇興趣：喜歡看敗落過程中的悲壯甚於成功的順遂；喜歡看一介算命仙的胡謅瞎扯甚於正邪人馬的傾軋。

---

[28] 明末清初奴變見周育德：《崑曲與明清社會》（瀋陽：春風文藝出版社，2005年2月），頁213-214。

　　不過要注意的是，舞台上的新理解或新詮釋不因為選取非主情
節線的折子串本、疊頭演出就自動成立。必須要經過改編，才能推
動主題的位移，包拱位移後的新詮釋。如《綴白裘》的〈水滸記．
前誘〉就運用了下場式來改變詮釋角度：

> （生　宋江）茶來吓。
>
> （貼　閻婆惜）茶在此。
>
> （宋江吃，吐介）
>
> （付　張文遠嚇跌介）阿呀！壞哉。一個馬桶潑番亐房里
> 哉。呼！（奔下）
>
> （閻婆惜做鬼臉介）阿呀！惹厭！進去睡了吧！

　　宋江醉歸，驚散閻、張好事，不只如此，還吐了一地，臭氣直
薰堪比潑翻馬桶。宋江醉吐的安排在明末的《醉怡情》裏面就有了，
但是《綴白裘》版多了張文遠的反應。張文遠在一旁暗叫：「壞哉！
一個馬桶潑番亐房里哉。呼！」，這一批，顯得宋江著實不知憐香
惜玉，把觀眾的同情心攬到閻婆惜、張文遠這邊來。

　　張文遠、宋江下場後，《綴白裘》版又加演閻婆惜下場式：

> （閻婆惜）正是：可人期不來，俗子推不去。
>
> （呷茶腳潑介）呼！
>
> （丟眼下）

　　閻婆惜下場前的作表讓觀眾感知她與花爭發的春心春情，幫助
觀眾體會她「誰解憐香惜玉軟」之幽懷。[29]

---

[29] 〈水滸記．前誘〉，《綴白裘》，第二冊，三集，頁 107。參考版本：《六十

　　到了〈活捉〉，《綴白裘》版多了一支【梁州新郎】，張文遠唱，在戲的開頭讓觀眾清楚領納他的真情與思念：

　　　蕭曹蹤跡　風霜奔競　苦殺我公門行徑　簿書繁劇　誰辭戴月披星

　　張自述公務繁重，夜深返家。以下加插一段情節，演張文遠吩咐傭人傳話，今晚要批閱文書，不進房睡覺了。夜深人靜，獨閱卷宗，張文遠看到一宗欺娘奸嫂的案子，百感鑽湧，一聲吁嘆，暗嘆這宗奸情遠比不上他和閻婆惜的，惋惜如花似玉的愛人橫死青萍。接著唱：

　　　我有千般懊惱　萬種悲愁　欲訴憑誰證　鶯愁魚恨也　恁衷情　燭毀香消恨怎平　咳　珠淚落　嗟薄命　焚琴煮鶴真獷獍　堪切齒　恨難伸

　　張文遠直辭詠嘆，託訴內心的憂恚鬱憤，觀眾感受到他與閻婆惜的感情雖然有悖禮法，卻是真情實意。也就是這段曲文浮露的真情，讓閻婆惜追求和鳴交頸的慾火不因陰陽違阻而沉熄，邁越生死界線，前來鈎取情郎魂魄。[30]

　　〈前誘〉的下場式與〈活捉〉的【梁州新郎】，表現閻婆惜有「嫁蕭郎，也枉然」之無奈，宋江有「魯莽有餘，溫存不足」之缺失、張文遠有其「憐香惜玉」之真情，以閻、張情事為內核的新視角與詮釋重心因而得到包拱。

---

　　種曲》，第九冊，頁 5578。

30　〈水滸記‧活捉〉，《綴白裘》，第一冊，二集，頁 195。參考版本：《六十種曲》，第九冊，頁 5617。

　　另外，《綴白裘》版《八義記》的選齣及修編非常曖昧，為趙氏一案身亡者，原有周堅（貌似駙馬趙朔，替朔死）、鉏麑（感趙盾之忠，不忍刺殺，觸槐而死）、提彌明（金殿擊犬救趙盾遭滅門）、韓厥（放走孤兒自刎）、程嬰子（代孤兒亡）、公孫杵臼（承擔藏匿假孤兒之責）六人。但《綴白裘》的「八義八齣」（〈翳桑〉、〈鬧朝〉、〈遣鉏〉、〈上朝〉、〈撲犬〉、〈嚇痴〉、〈盜孤〉、〈觀畫〉）沒有周堅、程嬰子、公孫杵臼三人的戲。鉏麑在〈遣鉏〉出場，接受屠岸賈刺趙的命令，但是卻沒有選演後面的行刺觸槐情節，換句話說，鉏麑生死沒有下文，死亡的只有〈撲犬〉的提彌明和〈盜孤〉的韓厥。

　　然而《綴白裘》提彌明死義的〈撲犬〉，下場式是這樣的：

（丑　張千）老爺，這狗頭方才撲着趙老丞相，緊趕緊走，慢趕慢行，弗是狗頭，直是老爺個祖宗哉

（淨　屠岸賈）嗃！胡說！今日辛苦你了，把這狗賞了你罷。

（張千）謝狗賞。

（屠岸賈）嗃！

（張千）不是，謝老爺賞狗。老爺明日早些到小百戶家裏來。

（屠岸賈）做什麼？

（張千）吃狗肉麵。

（屠岸賈）胡說！（下）

（張千）咳！好端端一隻狗，那亨就打殺哉。也罷，等我來贊哩幾句介：好狗好狗真好狗，兩隻腳來兩隻手，今朝打殺拉戲場上，明朝個燈籠囉個收？（下）

　　加演神獒被擊斃後，屠岸賈的手下張千出言譏刺，比屠岸賈為狗。抬狗屍回家煮狗肉麵的路上，張千還為死狗作贊。下場式和緊張的劇情、死義的悲情脫鉤，泛漾著輕鬆的趣味。[31]

　　而〈盜孤〉一折，韓厥死後的下場式更是令人困惑：

　　（二雜）阿呀！奇怪！抬他不動！

　　（丑　張戶侯）抬弗動吓！吓乩個班無用個，單會吃飯，幾個人抬一個抬弗動！讓我來！

　　（抬介）曷卓！曷卓！咦！奇怪哉！那說動嗩弗動吓！也罷，我老爺向年拉茅山進香，學介一個茅山法拉裏，等我遣子哩進去罷。拿哩個劍得來。

　　（二雜應，拔劍付　小軍、張戶侯接介）阿呀！無得淨水碗嘿哪？吓！有裏哉。拿個紗帽得來當子淨水碗嘿哉。天王，天王，助我剛強。昨宵有鬼，走入臥房。拿了兩個，走了一雙。我奉太上老君急急如律令敕！呵！動吓？

　　（二雜）不動。

　　（張戶侯）弗動？介嘿還要踏罡步來（作踏罡步介）

　　（二雜）看他做什麼鬼臉！（先下）

　　（張戶侯）左手起。（生韓厥起左手介）

　　（張戶侯）右手起。（韓厥起右手介）

　　（張戶侯）立起來（韓厥立起來）

　　（張戶侯）老吓個面皮！快點走拉戲房裏去罷！[32]

---

[31] 〈八義記‧撲犬〉，《綴白裘》，第二冊，四集，頁 210。參考版本：《六十種曲》，第二冊，頁 1255-1256。

[32] 〈八義記‧盜孤〉，《綴白裘》，第三冊，七集，頁 136-137。參考版本：《六十種曲》，第二冊，頁 1282。

加演丑扮的侍衛張戶侯舞法劍、灑淨水、踏罡步、施法術，鬧了半天，指揮韓厥的屍體自行起身走下場。整齣戲結束在笑鬧荒謬的氛圍中，徹底沖散韓厥死義的悲情，與原作的調性有著微妙的偏差。

合併選齣內容與〈撲犬〉、〈盜孤〉的下場式來看，《綴白裘》的《八義記》傷亡人數大為減少；僅有的兩位死者死後，場上卻蒙被詼諧的氣氛；孤兒和父母團圓，卻未提報仇事。整體看下來，原作八義士為了趙盾一家傷亡慘屬的悲劇色彩大為減降。可能是反映觀眾不願意看到忠臣義士總是下場淒慘的心理，可能是當時的觀眾有異於傳統歷史劇作「忠奸判然」、「捨身取義」的觀念，故而引發耐人尋味的改編。

綜上所述，讀者及觀眾對文本的理解詮釋因時空不同而有所變動，《綴白裘》改編後的樣貌正透顯了這時期的視聽受眾不同的思想格局與品味趣尚。

## 第三節　著墨配角遭運負角

《綴白裘》還反映了當時的觀眾在人物角色方面的觀劇態度，首先，劇作中的配角人物成為欣賞的焦點，其次，負面人物有了發聲的空間。

### 壹、著墨配角

在折子戲的舞台，各式各樣的人物角色在都有一片天，不像劇作總是偏向才子佳人、帝王將相，其中又以故事中的配角人物改變

最為明顯。主要是因為觀眾層面擴大、口味多元，希望看到不同人物的生命故事，所以舞台上必須塗描多元紛雜的眾生圖象，才能吸引各層面的觀眾。

從選刊取例，如〈一文錢・羅夢〉本是游離於情節主線的一個單齣，呈現傭工羅合詭特幻怪的守財夢，以及夢醒之後的價值取捨。如實地描繪一般人普遍曾有過的，由「汲求營取」到「患得患失」，再到「知足認份」的心理曲線。

《衣珠記》選刊〈折梅〉、〈墮冰〉、〈園會〉、〈埋怨〉、〈關糧〉、〈私囑〉、〈堂會〉，湘雲小姐出場的〈折梅〉、〈墮冰〉兩折並非觀演重心，荷珠的〈園會〉、〈堂會〉才是，湘雲小姐的戲份遠不如荷珠丫頭。在觀眾眼中，主角離奇縹緲的衲襖明珠姻緣不如配角具體的歡愛與釘根現實的婚姻來得引人入勝。

《白羅衫》的主角徐繼祖到了〈賀喜〉成了邊配，反而是山賊馬大、李二躋登於舞台中心。馬大、李二自以為徐繼祖中舉後他們的身分也跟著抬昇，妄冀風雲，徒增笑口，真實地呈現每個人心中都曾湧昇的虛榮感，以及那虛榮感催發的忘我情態。

水滸英雄的故事也是如此，或許是為了避開「違礙」之嫌，《綴白裘》的選齣中，幾個重要的梁山好漢「戲份」比起小說或民間認識或舞台盛演情況顯得貧弱。

首先，〈寶劍記・夜奔〉在舞台上一直盛演不輟，但《綴白裘》並未選刊，所以看不到林沖被逼上梁山的悽戾悲辛。《水滸記》的主角宋江只在〈前誘〉、〈殺惜〉兩折出現，戲份遠遠遜於張文遠，性格塑造也談不上。《翠屏山》主角拼命三郎石秀在為了潘巧雲一案奔忙，主要針對偷情淫婦揭奸發惡，江湖好漢的膽識、作為相對

薄弱。《綴白裘》的《義俠記》武松事跡是打虎、拒嫂、別兄,〈打虎〉固然有武松的英勇,然而潘金蓮情事更受著墨。《綴白裘》演出梁山好漢的氣魄的選齣只有〈虎囊彈·山門〉魯智深、〈雁翎甲·盜甲〉時遷及〈水滸記·劉唐〉的劉唐三齣。〈劉唐〉劇譜劉唐來到酒店,展現過人酒量,大塊吃肉大口喝酒。劉唐雖然不是分量重的主角人物,但是《綴白裘》版增加了一段情節,演劉唐直接用牙齒咬下銀子付帳,鮮活地補足江湖好漢粗曠豪邁的形象。

從修編的視角取例,則有《繡襦記》的樂道德,樂道德與無名驛子在〈樂驛〉有精彩的對手戲,其中泰半情節是舞台演出所加。在〈扶頭〉,這個配角人物的滑俏勢利、貪婪卑醜有更大刀闊斧的揮揚空間。〈扶頭〉演樂道德這日來到李亞仙家給鄭元和扶頭,樂道德擺闊,拿一「包」東西給李大媽,說是要給鄭元置辦扶頭宴的費用:

> (付　樂道德)弗拘僧個,只揀吃得個買賣嘕是哉。
> (老旦　鴇母李大媽)不是銀子,是塊土泥?
> (樂道德)已俚個轉弗曾帶僧土儀,下遭來送拉吚罷。
> (李大媽)不是吓,方纔見賜的,不是銀子,是塊土泥吓。
> (樂道德)咻,咻,咻!個是那說?那說銀子到子吚瓦屋裏來就變子土泥哉?
> (李大媽)樂相公,你看。
> (樂道德看介)個也奇哉。老娘親,自古好嫖子弟,揮金如土。灰得過,替我灰子灰;灰弗過,學生到別哉。
> (李大媽)豈有此理。請坐喂,樂相公,承光輝。

　　（李亞仙）豈敢，豈敢。

　　（李大媽）承惠土泥。

　　（樂道德）弗成俉個。

　　這「包」東西不是銀子，竟是土塊！被識破後樂道德話風鈎轉，假擬諧音，推說若要討土儀下次再帶來。又假裝訝疑，不知道為什麼銀子換了地方、到了妓院，竟變成了土泥，口風一掃，連帶砭刺鄭元和入妓院揮金如土。酒宴還沒開始，樂道德幫閒鑽懶的輪廓就先勾勒出來了。

　　接下來開酒席，《綴白裘》安排樂道德兩度騙酒吃，第一招，吃過一鍾酒之後，藉口吃不出滋味好壞，命人再篩一鍾來。這招普通，還只是序曲，可藉此表演擠眉、厥嘴、嚥喉、哈氣、撫胸的作表來娛樂觀眾。

　　接下來才進入第二招，酒席之上，樂道德請李亞仙唱曲侑酒，李亞仙不會新曲，他誇說自己日前趁著殘燈，一揮而就，作了三百六十四支新曲子，要唱支【壞眉送】（【畫眉序】諧音）果然誘起李大媽的興致。李大媽換來大盃，定要請教，樂道德唱曲之前要先試喉嚨，宣稱喉嚨鏽了，講了個似是而非的理由，說是需得以酒潤喉。甚至架子大了，乾脆自己開口命銀箏篩酒（前此三次命銀箏看酒換盃的都是李大媽），又趁機吃了三鍾。最後唱出來的也不是什麼新曲，根本就是老歌！而且只唱了一句就沒下文了，還是亞仙把曲子給唱完。

　　接下來眾人飲酒行令（詳前），第二令，樂道德要在場的人說一句包含「水晶」兩字的令，李大媽、李亞仙、鄭元和依次說了，

只有他喝得爛醉，糊裏糊塗把大家說過的一一複述，眾人當然不依啦，《綴白裘》版的醉漢樂道德最後意味深長地說出醒話：

> （樂道德）眼前才是水晶
>
> （眾）這是怎麼說？
>
> （樂道德）老鄭是個敗家精，老亞是個害人精，老媽是個愛財精。
>
> （眾）取笑，沒有水吓
>
> （樂道德）水吓？銀箏個個丫頭面湯、水腳湯，水是介掇出掇進，阿是水？
>
> （貼　銀箏）樂相公倒是兩個精
>
> （樂道德）哪哼兩個精？
>
> （銀箏）哪！精光棍，光棍精。
>
> （眾笑　樂道德怒介）放屁！儕個精光棍，那說光棍精！銀箏個小妖精！

說完，吐了一地，頭重腳輕，醉爛如泥，走不回家，竟然賺到一個免費和老鴇睡覺的機會。可知《綴白裘》版多出了大段情節，刻意塗描配角夯鄙貪婪的臉譜。[33]

從編創的折子取例，可以看到《繡襦記》原著中名無名無姓的淨、丑二丐，在〈收留〉、〈教歌〉二折裏不但有了「揚州阿大」、「蘇州阿二」的名姓，更有奇燦騰躍的個性與身段。〈西廂記・遊殿〉

---

[33] 〈繡襦記・扶頭〉兩段引文見《綴白裘》，第四冊，七集，頁 100、107。參考版本：《六十種曲》，第七冊，頁 4022-4024。〈扶頭〉的銀箏是「貼」應工，亞仙是「旦」應工。

的知客僧法聰幽默搶眼,風采超越主角張生。前面討論過的四齣稼接類折子〈拐兒〉、〈請醫〉、〈算命〉、〈北醉隸〉主角的戲份大幅減降,配角騙子、庸醫、算命仙、皂隸等底層人物有了自己的新舞臺,演出突梯滑稽、錯亂失序的另類生活風情畫。

　　總之,通過《綴白裘》的選刊與改編可以看出,在折子戲盛演的時代,劇作中的配角人物躍登舞台中心,成為吸引觀眾欣賞的焦點。反映出折子戲的劇幅雖小,但卻裝容無限豐富的世界／視界,各式各樣的人物角色都有展現特質、宣發心聲的空間。傳奇劇作多以才子佳人、帝王將相為主要雕繪對象的情形在折子戲舞台得到合理的平衡。


## 貳、遣運負角

　　中國戲曲一向以「寓教於樂」為功能目的,劇情發展儘管曲折,最終總講求報應不爽獎懲分明,因而人物性格也有「正反二分、忠奸判然」的普遍特性,不過在折子戲的演出舞台,人性複雜的面向有了新的發揮空間,平庸、卑微甚至反面人物的內心世界得以被開掘。[34]

　　從選刊取例,《綴白裘》的《牧羊記》有〈慶壽〉、〈頒詔〉、〈小逼〉、〈大逼〉、〈看羊〉、〈遣妓〉、〈告雁〉等齣,呈現蘇武持節不屈的氣節。然而兩國相爭,固然成就了蘇武麟台畫像,但一場戰事,卻無端淹沒李陵三代的馬革功名,既然萬里家鄉骨肉空,李陵能做

---

[34] 王安祈:〈折子戲概論〉《崑曲辭典》,上冊,頁 194。

的選擇就只有抓取百年黃粱富貴，不必再營構千載青史是非了。這齣〈望鄉〉，讓背國降敵的負面人物李陵藉兩支【園林好】、兩支【江兒水】託訴命運的周折、心境之愀愴。在督責忠奸的理性主線情節之上，濡染一抹難以遮撥的悲劇色澤，塗繪「存生難言，衛生拙苦」的生存實境。

〈鮫綃記・寫狀〉的賈主文做得是「筆硯買賣、律法營生」，只因「心為黃金黑」，專門幹誣陷善人、打壓良民的勾當。在現實人生裏，絕對少不了這類「早上爬起來唸幾句阿彌陀佛，好似毒蛇嘆氣；晚間與人刀筆，渾如雞見蜈蚣」狠角色。

《人獸關》只選了〈演官〉，主角尤滑稽和〈嫖院〉的賈志誠一樣，都是鄙背無文的負面人物。他們粗俗荒謬的言行，突兀失衡違背常理的舉止，是牽動觀眾優越感、添濟舞台冷熱不可或缺的元素。

改編的狀況則顯示負面人物登上舞台之後，梨園表演家詳編精修，調攝安排他們內心的思維意識，讓觀眾在他們的戲劇行動中尋繹人心人性的複雜。

《望湖亭》只選刊〈照鏡〉，演顏秀初照鏡，驚覺自己是個臉歪鼻勾的大麻子，洗臉再照，容貌不改，穿上華服再照，仍是那副樣子。醜陋的意象象徵卑劣的心性，顏秀不自知醜，代表不知省顧心性念想的卑醜。一旦照見醜容，只想靠著洗臉更衣彌蓋真相。就像人們會用種種方法偽飾惡念濁行，卻不願悛革惡念私欲，照這樣下去不可能有改換面目的一天。

　　負面人物彌縫偽飾的例子還有〈雙珠記‧汲水〉，劇譜郭氏井邊娶水，李克成俟機調戲，郭氏潑水脫身。這齣戲旨在表現李克成的貪色，下場式就從這裏發揮，演他調戲不成，擔心別人問起為何一副落湯雞光景，於是拿了個主意，宣稱是擺渡跌到河裡，企圖欺人耳目。

　　〈鐵冠圖‧殺監〉，劇譜監軍團練使杜勳變節降闖，奉新主李自成之命前來勸崇禎帝早早遜位，以就藩封。《綴白裘》多了杜勳與忠直的太監王承恩論辯前代遜位、禪位、篡位史事（加畫底線）：

　　（淨　杜勳）<u>遜位從古有之</u>。

　　（老旦　王承恩）<u>哪幾朝</u>？

　　（杜勳）<u>堯遜舜，舜遜禹，上古成例</u>。

　　（王承恩）<u>你講差了！堯之子丹朱不肖，諸侯不朝堯之子而朝舜，舜乃承大統；舜之子商均亦不肖，諸侯翊輔大禹登極，此謂正統，非遜也！今上帝德如天，春秋正富，太子素稱賢孝</u>。

　　（杜勳）<u>漢禪魏，魏禪晉，總是禮</u>。

　　（王承恩）<u>也差了。凡有天下者，父傳子，子傳孫。此為禪位。魏晉之君，皆是篡奪，怎稱得禪位</u>！

　　【牧羊關】承帝統，是有嫡枝宗親苗裔，怎教他把錦乾坤，沒來由讓了其誰？

　　（杜勳）<u>依你這般說起來，那成湯放桀，武王伐紂，這都是篡奪了</u>？

（王承恩）*一發胡說了，桀紂乃是無道之君，湯武固爾放之。我皇上英明神武，仁慈恭儉，四海共知，怎將這兩代之君比他起來？*

（杜勳）*從來有道伐無道，無德讓有德，自古有之。*

杜勳降闖變節是貪生怕死之舉，增加他一連串顛倒史實的詖詞，效果很好，映現理虧者常常宣伸利己的說詞，築豎自我防衛心理。[35]

〈西樓記・拆書〉于叔夜唱的【紅納襖】有一句曲文：「莫不是孫汝權剔弄奸」，用的是《荊釵記》孫汝權改書的典故，可見這個典故的普及程度。《綴白裘》的《荊釵記》選齣就有孫汝權為主角的〈改書〉，梨園表演家銳意修編，增演他的心念思惟，一上場加了孫汝權自訴改書的動機：

> 王十朋個小畜生，搭吾做盡子冤家！個個錢玉蓮明明是吾個房下，乞俚央個許將仕做子媒人，竟搶子去。到京應試，個個狀元吾是穩穩放來荷包裏個。弗知囉裏學個剪絡法，境剪子去哉。在家搶子吾個洞房花燭夜，到京來又奪了吾金榜掛名時，思之可恨。

首先，孫汝權自道錢玉蓮合該嫁給他做妻子，狀元公合該是他考上，但這一切都被王十朋搶走了。基於這種委屈失衡的心理，於是孫汝權有了改書行動。《綴白裘》版一再塗染他的憤懣，如他在路上巧遇替王十朋帶家書的承局（郵差）：

---

[35] 〈鐵冠圖・殺監〉，《綴白裘》，第一冊，二集，頁 75-76。參考版本：古本戲曲叢刊五集《虎口餘生》（上海：上海古籍出版社，1986 年），卷三，37b。

> （末　承局）王狀元要寄家書，特去取了來，為此打從這裡走。
> （淨　孫汝權）吓！老王有家書居去了？咳！足見你炎涼世態
> （承局）怎見得？
> （孫汝權）你看老王中子狀元了，忙兜兜介去拿家書；看見
> 學生照舊了，望也弗來望望吾。

孫汝權騙郵差到客寓，又再次吐露不平衡心態：

> （孫汝權）孫興、官壽纏拉囉裏去哉，有客人拉裏，拿茶出
> 來。個也奇哉，纏弗拉屋裏哉。承局哥，有數說個：大王弗
> 靈小鬼弗興。吾里個星小价看見小弟弗中了，無前腳出子
> 門，哩虱後腳也出去哉。弗是去賭場，就到人家去看戲。

傭人好逸貪玩，竟也被孫汝權牽扯成落第的藐視。

神不知鬼不覺偷改了王十朋的家書之後，《綴白裘》多了一段，演孫汝權寫信給家人，叮囑快搬出豪華眠床，準備做親。觀眾當然知道孫汝權這是癡心妄想，但不可否認，改書、修書的惡行醜態，短暫填補了他的生命缺憾。[36]

顏秀、李克成的遮蓋，代表惡濁念想鮮少被正視悛改；杜勳的論辯，築豎貪生怕死的防衛心；孫汝權的主訴，吐露想望落空的不平衡心態。辯護、諉責、抱屈、遮掩、怨尤，種種自衛意識下的掙扎、妄求……不也是一般人常有的心理嗎？《綴白裘》的改編遣運負面人物，把隱顯曲直，繽紛複雜的人心人性搬上舞台，供觀眾鑑照、省思。

---

[36] 〈荊釵記・改書〉《綴白裘》，第二冊，四集，頁219、221。參考版本：《六十種曲》，第一冊，頁255～257。

## 第四節　細膩表演擴延腳色

從案頭到場上的改編提昇了表演藝術的細膩精緻，進一步推動腳色行當的擴延分化。

腳色行當的門類在宋金院本雜劇中只有末、淨二類，元雜劇擴充為末、旦、淨，南戲傳奇又加上生、丑。明嘉靖年間徐渭《南詞敘錄》載南戲角色有生、旦、外、貼、丑、淨、末，明萬曆年間王驥德《曲律》載明傳奇有正生、貼生（小生）、正旦、貼旦、老旦、小旦、外、末、淨、丑、小丑，這時生旦已分正、副，丑也有新的分化。從《南詞敘錄》到《曲律》，可知明傳奇在南戲的基礎上，腳色規模持續擴大繁衍。

腳色分工是為了反應戲劇人物在心理性格、氣質取向等種種層面的「差異性」與「一般性」的需求，戲劇人物彼此間有一般原則的「通性」，是此腳表演的基礎功夫，當「差異」大到表演方式殊異時，便需分工另一腳色扮演。[37]

隨著時代的演化，《綴白裘》時期的行當分工與原作劇本已經有所不同（詳附錄），其分行依歸是人物的性格類型以及表演的技藝要求。以《綴白裘》的「付」、「淨」為例，《綴白裘》中的「付」第一類是剛屬貞介、忠直硬氣的正面人物，有〈刀會〉、〈訓子〉的周倉、《連環記》的曹操。

《八義記》的鉏麑、靈輒原作是「丑」，這兩個人物因為性格氣質貞介忠直，到了《綴白裘》時代便由「付」應工。

---

[37] 汪詩珮：《乾隆時期崑劇藝人在表演藝術上因應之探討》（台北縣：學海出版社，1990年3月），頁80。

　　第二類「付」應工人物的是奸滑偽善、狠戾貪婪的反面人物，有《一捧雪》的湯勤、《紅梨記》的梁太師、《釵釧記》的韓時忠、《鸞釵記》的劉婆、《躍鯉記》的姜婆、《尋親記》及《後尋親》的張禁、〈麒麟閣・三擋〉的賀方、〈鐵冠圖・殺監〉王德化、〈雙珠記・汲水〉的李克成等。

　　《鮫綃記》的賈主文、《鳴鳳記》的趙文華原作是「丑」，《義俠記》的西門慶原作是「淨」，這三個人物因為性格氣質奸滑狠戾，《綴白裘》時代改由「付」應工，做深度的刻劃。

　　「付」的第三類是滑稽詼諧、刁鑽刻薄的喜劇人物，如《風箏誤》的戚友先、《占花魁》的時阿大、《人獸關》的尤滑稽、《金鎖記》的張驢兒、《衣珠記》的趙婆、《兒孫福》〈勢利〉、〈下山〉的勢僧、〈占花魁・勸妝〉王九媽、〈白羅衫・賀喜〉的馬大、〈鳴鳳記・放易〉的彭孔等。

　　《水滸記》的張文遠、《西廂記》的法聰、《繡襦記》的樂道德、《荊釵記》的錢繼母在劇作中原來是「淨」應工，但他們在《綴白裘》時代經過梨園表演家銳意編修，有了刁鑽滑稽詼諧的新面貌，於是便改由「付」應工。《紅梨記》的皂隸原作是「雜」，梨園表演家為這個不起眼的配角編創了精彩的〈北醉隸〉，聲容舉止滑稽詼諧，喜感十足，故而就改由「付」行應工。[38]

　　《綴白裘》中的「淨」第一類是爽捷亢躁、勇力過人的角色，計有《宵光劍》的鐵勒奴、《水滸記》的劉唐、《千金記》的項羽、

---

[38] 《綴白裘》的「付」還有些是副軍、監院、總甲、獄卒、管家婆、女傭、乞兒、太監等等不太重要的人物，其中《翡翠園》的趙媽媽、〈清忠譜・書鬧〉的說書人李海泉、〈黨人碑・賺師〉的狄能、〈萬里緣・打差〉的差官是觀眾比較有印象的。

《清忠譜》的顏佩韋、《虎囊彈》的魯智深、〈蘆花蕩〉、〈北餞〉的尉遲恭。

《西廂記》的惠明（未標行當）、〈負荊〉的張飛、〈昊天塔〉的楊五郎[39]的人格特質正是爽捷剛猛，所以在《綴白裘》時代也就順理成章以「淨」應工。

第二類「淨」是權臣佞相、反派要角，有《一捧雪》〈搜杯〉、〈送杯〉的嚴世藩、《牧羊記》的衛律、《荊釵記》的万俟丞相、孫汝權、《香囊記》與《精忠記》的秦檜、《鐵冠圖》的杜勳、《黨人碑》的田大王、《連環記》的董卓、《鳴鳳記》的嚴嵩、《千鍾祿》的陳瑛、《漁家樂》的梁驥、《浣紗記》的夫差、《鐵冠圖》的李自成、《八義記》的屠岸賈、《翡翠園》的麻長史。

《紅梨記》的王黼也屬於這一類人物，所以舞台演出由「淨」行應工。

第三類「淨」是忠心赤膽，剛毅過人者，有〈刀會〉〈訓子〉的關羽、〈送京〉的趙匡胤。關羽在北雜劇中是擔任主角主唱的正末，明傳奇中這類人物由「末」、「外」應工，後來轉由「淨」腳擔綱。[40]《綴白裘》時代的關羽正是轉化後的應工配置。

第四類「淨」是詼諧可笑的小人物，如《望湖亭》的顏秀、〈一捧雪・刺湯〉的湯勤妻、《黨人碑》劉鐵嘴、《人獸關》的桂負之、《牡丹亭》的胡判官、郭駝、〈琵琶記・拐兒〉的大騙拐兒甲、〈荊

---

[39] 楊五郎原作是擔任主唱的「正末」，北雜劇的正末在南曲戲統因人物類型、劇藝分化為「生」、「小生」、「淨」等其他行當。參見古嘉齡：《江湖十二角色之探索》（國立政治大學中國文學所碩士論文，1998 年 7 月），頁 27-29。

[40] 古嘉齡：《江湖十二角色之探索》，頁 92。

釵記‧男舟〉鄧謙、《幽閨記》〈大話〉的山賊、〈請醫〉的庸醫等、〈鳴鳳記‧夏驛〉的驛子。

而《西樓記》的趙伯將（原作「小淨」）《蝴蝶夢》〈說親〉、〈回話〉楚王孫的蒼頭（原作「中淨」）。《漁樵記》〈寄信〉、〈相罵〉的張別古（在北雜劇是主唱的「正末」）、〈紅梅記‧算命〉的算命仙（原作是「丑」）等人因為演出中灑佈著詼諧情調，在《綴白裘》時代便由「淨」行應工。[41]

《綴白裘》時代的崑腔折子戲因梨園表演家的詳編精修，表演藝術更加細膩，進一步推動腳色的發展分化。

以「貼」行為例，「貼」在明傳奇中多飾演次要女性，屬於配角，明末「貼」行所飾演人物逐漸有年輕化趨勢。從明末天啟到清乾隆初期，「貼」行扮飾的人物類型，仍以主、副角為分行依歸。[42]

到了乾隆六十年，李斗的《揚州畫舫錄》卷五對崑劇「貼」行的內涵與分工做了說明：

> 貼旦謂之風月旦，又名作旦，兼跳打，謂之武小旦。[43]

《綴白裘》的「貼」行人物的確如《揚州畫舫錄》所言，除了傳統上扮演的配角、丫鬟如《牡丹亭》春香、《釵釧記》的芸香、《西廂記》的紅娘以外，《紅梨記》的謝素秋、《占花魁》的王美娘之類的風塵女子，《玉簪記》的陳妙常、《孽海記》的趙尼之類的思春尼

---

[41] 《綴白裘》的「淨」還有些是僕役、龜公、酒保、太監、報子、儐相等等不重要的人物，其中《鸞釵記》的狠獄卒、〈繡襦記‧樂驛〉的驛子、〈風箏誤‧驚醜〉詹愛娟的奶媽是觀眾比較有印象的。

[42] 古嘉齡：《江湖十二角色之探索》，頁 66。

[43] 李斗：《揚州畫舫錄》（台北：世界書局，1963 年 5 月），頁 124。

道，《長生殿》的楊貴妃、《療妒羹》的喬小青之類的妃子侍妾，都以「貼」應工，表現其綢繆情思與風月情懷。

　　然而乾隆六十年《揚州畫舫錄》時代比乾隆初期多出了兼跳打的「武小旦」，「武小旦」是怎麼產生的呢？在《綴白裘》裏我們找到了這個行當分化的重要的環節。

　　《綴白裘》中〈翡翠園‧盜牌〉的趙翠兒以及〈蝴蝶夢‧劈棺〉的莊妻田氏與劇作文本相對照，可以看出貼行中兼跳打的「武小旦」到底是怎麼發展出來的。

　　〈蝴蝶夢‧劈棺〉原作田氏由「旦」應工，劈棺是這樣設計的：

> （旦上）欲取死人腦，去救活人心
> （放燈在地作勢劈棺介）
> （生動）
> （旦驚介）死人又作怪麼
> （又二劈介）
> （生起坐介）
> （旦驚顫掉斧撇燈介）[44]

　　原作的安排是一劈、二劈，兩動作之間在加上一個驚懼的停頓，《綴白裘》的演法是：

> （貼打腰裙兜頭上）
>
> 【泣顏回】非奴意偏心，也只為身勢伶仃，劈棺取腦，我只為貪戀新婚。

---

[44] 《山水鄰新出像四大癡傳奇色卷》，頁十七 b。

> 莊子休吓！
> （拔斧介）伊休見嗔。死靈魂，莫怪我
> （下一記鑼）無情人！
> （浪介）呀啐！再捱過幾時光陰，心上人也向鬼門！
> （看斧抖介）阿呀！阿呀！
> （生上，立棺材上）哎！
> （貼）阿呀！
> （跌介）[45]

首先，《綴白裘》特別標出特殊的服飾裝容：「打腰裙兜頭」，《綴白裘》只有少數地方特別標示裝容，可以推測當時「貼」這樣的服飾裝容才剛出現，尚未普及，故而特別標示出來，給演員提個醒。[46]

最重要的是《綴白裘》較原作多了一支【泣顏回】，曲文說明田氏劈棺的動機：「也只為身勢伶仃」、「我只為貪戀新婚」；自我解釋的說詞：「莫怪我無情人」；內心的憂急：「再捱過幾時光陰，心上人也向鬼門」。精確深刻地表達田氏的一寸芳心、千結柔腸。

我們知道，崑劇的表演舞隨曲生，舞出舞收，所以《綴白裘》增加的這支【泣顏回】不只在傳達了田氏的心理，還在表演上包攬了連續不輟的肢體動作。而帶白（莊子休吓、阿啐），科介設計（浪

---

[45] 〈蝴蝶夢‧劈棺〉，《綴白裘》，第三冊，六集，頁166。
[46] 另有兩齣撲跌刺殺的「貼」行應工戲《綴白裘》也特別標示裝容，一是〈活捉〉的閻惜姣魂，標明「貼兜頭背搭上」。二是〈漁家樂‧藏舟〉的鄔飛霞，標明「貼白布兜頭上」，因《綴白裘》的〈藏舟〉、〈相梁〉、〈刺梁〉三齣連選，故連演的可能性極大，〈藏舟〉的裝容扮飾或許也可以沿用到〈刺梁〉。

介、看斧抖介），音效設計（下一記鑼），則有助於在匆遽的歌舞中短暫停頓，製造緊張，放大田氏內心的掙扎。多了【泣顏回】，當然就增加了大幅度的動作，與《揚州畫舫錄》提到的「兼跳打」的「武小旦」不謀而合。

又如〈翡翠園・盜牌〉，劇譜趙翠兒欲救舒秀才，趁麻長史醉臥之機，摸黑潛入書房盜取令牌。原作的盜牌這段的安排是：

【出隊子】（貼　趙翠兒上）誰管著飛天門闥，且趁此月光斜照便佳。

俺悄悄地打聽，那長史酒醉歸家，就在書房安寢，將王府令牌安放桌上，又吩咐不許一人在外行走，所以奴家悄悄前來，覷便行事。來此已是書房門首，呀！

看燈火尚熒煌，映照著紗窗。

你看長史熟睡，令牌果在桌上，書房門半掩在此，不免挺身進去。

（進取牌出介）

且喜令牌已取在此，那路徑平昔走慣，處處熟識，不免打從西首便門而出。

從此去，舒生性命盡虧咱，到監中救出往天涯。[47]

原作趙翠兒從上場到下場的所有戲劇行動包攬在【出隊子】這支曲牌中，【出隊子】六句曲文拆成三段唱，上場初唱「誰管著飛天門闥　且趁此月光斜照便佳」。潛入書房前先偷覷，唱「看燈火尚熒煌　映照著紗窗」，臨走下場又唱「舒生性命盡虧咱，到監中

---

[47] 朱素臣撰，王永寬點校：《翡翠園》（北京：中華書局，1988 年），頁 50。

救出往天涯。」。夜空是明亮的，書房也不昏暗，盜得令牌之後，
趙翠兒心中更是湧生堅定的信念，遙指光明的前景。這裡的曲文略
顯失焦，拆成三段唱，則有鬆散之弊。

《綴白裘》重新捏塑，將翠兒的口白分成前後兩部分，探獲令
牌下落、得知長史醉臥、打算摸黑盜牌等等交代背景的口白一上場
就先講，接下來唱梨園表演家重新填過的【出隊子】：

> 【出隊子】並沒有神通廣大　也學那盜金盒紅線娃　恰喜他
> 夜黃昏睡魔加　穩著俺放心而迤逗耍
> （內打呼介）
> *聽鼾呼之聲，長史料已熟睡。我一眼覷去，那邊桌兒上果有*
> *一道令牌在此，不免悄悄取來藏在身畔，趁此夜色微明，又*
> *喜得長史吩咐沒人走動，那壁廂有一便門，平昔慣走，且捵*
> *開橫栓，抽身而走。*
> （開門出介）*妙吓！*
> 又早脫離了這是非窩的這一霎

《綴白裘》版的曲文顯示趙翠兒一方面充滿信念，一方面觀察
客觀條件（時間是黃昏，對方已昏睡），表現她的膽大心細。前四
句曲文連著唱，邊唱邊作，連串展現摸黑前進，捵身而入的身段。
盜得令牌之後，《綴白裘》版的演法是唱「又早脫離了這是非窩的
這一霎」，以迅疾伶俐的動作將「出房」與「下場」串連一氣，結
束演出。[48]

---

[48] 〈翡翠園・盜牌〉，《綴白裘》，第三冊，六集，頁238。

　　〈劈棺〉、〈盜牌〉這兩個例子清楚說明《綴白裘》的改編在戲曲行當演進上的重要性：因應特殊的劇情需要，「貼」行在這個時期發展出「利用曲唱表現人物心理動機、展現一連串大動作」的特殊表演型態。劇藝別開新途，埋下了家門行當分化擴延的潛因，催生後來《揚州畫舫錄》所謂「兼跳打」的「武小旦」。

　　除了發現分化出「武小旦」的重要環節，《綴白裘》也可以找到後世所謂「窮生」的表演設計。

　　《綴白裘》〈繡襦記・賣興〉版的鄭元和已然有不同的氣質，不再是風流倜儻的書生了。〈賣興〉劇譜鄭元和輜裝已盡，不得已鬻賣隨身書僮來興，鄭元和託客棧老闆熊店主為來興尋覓新東家，以十兩價金將來興賣給崔府。《綴白裘》首先加一段的「議身價」的戲，不通經濟事務的鄭元和天真地開價三百兩，殺到二百兩，爾後又殺到一百兩，沒想到一個小廝的身價市面行情僅十兩！然而，到了山窮水盡這步田地，也只得接受。這段安排看在觀眾眼裡，感覺不斷貶落的彷彿不是來興的身價銀，而是貴公子鄭元和的。

　　接下來《綴白裘》又多了一段情節，熊店主要求鄭元和喚出來興，交付清楚，以免伶俐的來興不認帳：

　　　（末　熊店主）相公你呢，叫來興出來，分付他一番，然後
　　　纔交銀子與相公。
　　　（鄭元和）不是吓，你把銀子交付與我，你領了他去就是了。
　　　（熊店主）相公說那裏話。來興這小廝乖巧得緊，倘相公拿
　　　了銀子去，來興又不肯去，難道這宗銀子叫老漢代賠？
　　　（鄭元和）吓！老丈，這等，不托的緊，待我喚他出來　。

吓！這個——老丈，你去叫他來。

（熊店主）相公的人，怎麼老漢去叫？他還是相公叫他出來分付一番。

（鄭元和）唔！一定要我去喚他出來？

（熊店主）這個自然

（鄭元和）容易，容易吓。咳！太難為情了咳！來，來興，來興。

（來興內應）噢。

（鄭元和）應了。銀子來。

（熊店主）相公這等性急，待他出來，方好交銀子吓。

（鄭元和）呀！十兩銀子，什麼大事這樣難得緊？

（熊店主）銀子不難，什麼難？

（鄭元和）吓！銀子難的？

（熊店主）難的。

（鄭元和冷笑）銀子是難的？快來！

（熊店主）這是一定要分付他的，把銀子看輕了，所以如此。

推了半天，鄭元和才勉強喚人，來興都還沒出來，他就急著要拿錢離去。《綴白裘》這段握持兩個點，描繪鄭元和的心理：「急」與「避」——一方面急著要拿到錢，一方面想逃避面對來興的尷尬。但怎麼避也避不過最難堪的時刻：

（鄭元和）來興，方纔店主人說這裏崔尚書家待人甚厚——

（丑　來興）相公，沒得要去處館吓？

（鄭元和）不是；我意欲——咳！

　　（來興）相公，說話說哉那。

　　（鄭元和）我意欲把你——

　　（來興）儕個？介說罷。

　　（鄭元和哭）

　　（來興）人到弗得運個，說話纏說弗出個哉。我去間熊伯伯來。[49]

　　鄭元和繞個彎先說「崔尚書家待人甚厚」，來興此時猶未徹知主人的盲昧決絕，還以為最差的情況不過是去就館當塾師，一派天真誠惘，像是舞台上的一束光，放大鄭元和的慚扭、罪愆。鄭元和則是吞吞吐吐，最後，風流小生竟然哭了起來。

　　《綴白裘》刻劃鄭元和輜裝忿盡後的窘窒，與小生的風流瀟灑已有明顯的差別，這樣的改編搭建後世所謂的「窮生」展現作表的舞台。

　　重修改編、細膩表演是腳色門類擴延的先決條件，〈劈棺〉、〈盜牌〉等「貼」行應工兼跳打的戲在《綴白裘》時代得到藝術加工，「貼」行因而分化出「武小旦」；〈繡襦記‧賣興〉的改編則奠定「小生」行擴延出「窮生」的基礎。

　　身段、工架、造型、舞容、唱腔等表演越趨細膩，自然就促成行當門類的分化擴延，這是傳統劇場的規律，《綴白裘》的改編正好反映了這個規律。

---

[49] 〈繡襦記‧賣興〉兩段引文見《綴白裘》，第四冊，七集，110、111。參考版本：《六十種曲》，第七冊，頁 4041-4043。

同時，根據傳統戲曲高度程式化的通則，行當腳色必定有其高度具辨識性特色，而這些表演特色在《綴白裘》時代成了演員表現技藝的資具。

前面提到過的〈西廂記‧遊殿〉，安排張生模仿鶯鶯，法聰又接著模仿之，也就是「小生」模仿「旦」的嬌弱婉孌，「付」又模擬「小生」之模仿「旦」。雖然彼時尚無「巾生」、「閨門旦」、「二面」等等專有名詞，但是三者的身段作表應該已經有高度具辨識性的區別產生，甚至有了定型化的特色，否則不會被一而再、再而三拿來當成演出時引人入勝的資具。除了〈遊殿〉，同樣的例子還有〈茶坊〉、〈邊信〉、〈北醉隸〉。

〈尋親記‧茶坊〉周羽受冤一案提供表演的背景，茶博士（丑[50]）、一會兒扮周夫人（旦）、一會兒扮封丘縣新太爺（外）、一會兒扮周羽之子（貼，應是後來所謂「作旦」），藝人展現模仿功以重現土豪張敏惡行，觀演重點在於「丑模仿旦、外、貼」。

〈一捧雪‧邊信〉觀演重點是貨郎（丑）模仿陸炳（末）、湯勤（付）、雪娘（貼）三種腳色。

〈紅梨記‧北醉隸〉皂隸模仿約請他吃飯的同僚、服侍客人的酒店走堂、他的兒子、縣令錢濟之等四人的聲氣容觀、言語舉止，雖然沒有標出行當，但可以推測同僚是「付」、酒店走堂是「丑」、兒子是「作旦」、縣令是「外」。

---

[50] 茶博士（丑）及下文周夫人（旦）、封丘縣新太爺（外）、周羽之子（貼）、貨郎（丑）、陸炳（末）、湯勤（付）、雪娘（貼）都是《綴白裘》標示的應工行當，與原作不完全相同。

在行當精緻分化、身段表演定型的折子戲美學世界，〈游殿〉、〈茶坊〉、〈邊信〉、〈北醉隸〉的表演引介出「角色人物」與「腳色行當」間一而多、多而一的辯證關係，將觀眾的目光吸進眼花撩亂的角／腳色萬花筒。

綜上所述，梨園表演家的銳意改編細膩了表演，細膩的劇藝催生腳色行當擴延分化，新的行當門類產生之後，身段作表逐漸定型，產生具有高度辨識性的特色，而這些特色又成為演員展現模仿技巧的資具。《綴白裘》的改編恰恰反映了傳統戲曲行當「細緻—分化—定型」的規律。

# 第六章　結論

　　根據前列各章的論述，本書整理歸納乾隆中期散齣戲曲選集《綴白裘》崑腔折子戲由墨本到台本的具體改編手法，改編後呈現的藝術效果及其反映的意義。

　　本書第一章首先說明《綴白裘》的蒐集歷程、分析其編輯體例與職能，並廓清研究範圍。接下來，比對整理《綴白裘》與劇作文本之間的差異，據此差異歸納《綴白裘》的改編手法。

　　本書將《綴白裘》的改編手法分為修編與編創兩大範疇。第二章縷述「分合」、「改易」、「刪汰」、「增益」四種修編法。

　　「分合」的「分」指的是將原作中的一齣析分為二齣來演，析分的根據在於原作一齣中原本就有兩個排場，析分的目的是為了雕鏤細膩的觀演效果，不過，實際表演時，經常是兩齣連演。

　　「合」指的是捏合原作兩齣（以上）之部分情節為一齣，捏合的原因是為了塑造突顯、映襯、對照的觀演效果，或加強改變詮釋重心，或追求戲情戲理的圓足，並不是因為兩齣的情節排場貫續相連。

　　「改易」修編法指的是局部修改賓白、曲文、情節內容、表演方式，深入表現人物心理的轉折脫換、戲劇行動的起止開合、生活細節的婉妙精微，使折子戲成為完足的審美客體。而表演方式的改易——改白為唱、改唱為白、易角演唱、易角道白——則可以看戲劇表演與文字創作不同的設計表現。

　　「刪汰」指芟除蔓蕪的情節、曲牌，使場次篇幅更順當、戲劇焦點更集中、題旨重心更清晰。

「分合」、「改易」、「刪汰」三種修編手法裁彌關目篇幅、突顯題旨重心、攏斂完整意義。修編後的人物形象、情節發展、主題內核大致統攝於原作設定的基調。

「增益」指加入新編的賓白、曲牌、情節。

增加賓白以塑造人物、圓滿劇情、籠攝氛圍為出發點。有時增加敘事性程式及整補背景的賓白，有時加入與觀眾即時交流的自報家門、打背供、教化語、打諢語等。增加的賓白或添濟文化元素、或展現滑稽諧趣、或整補細節背景、或交流現場觀眾，大幅提升演出的效果。

增加曲牌有時是為了表達角色當下的思維心聲，有時是為了回溯往事。更多時候，增曲是為了織造特殊氛圍，加強渲染力。而我們常見《綴白裘》在不必然扣緊劇情的情況下，安排次要角色唱時曲、俗曲，這當然是為了滿足觀眾多元的喜好。本書研究發現《綴白裘》增加的曲牌合於聯套規律和搬演變化運用的例子各占一半，可見舞台演出的靈活自由。

增加插、帶白拉提了現場演出的效果，舞台上增加的插、帶白一方面宣發詞情，幫助觀眾理解曲文、認識人物、深入衝突。另一方面，增插、帶白有助於在唱曲的同時興生作表、活絡場面。

增加情節的例證繁夥，其作用旨在深入人物的動機行止，推進關目的衝突高潮，包拱情節的深曲完整，拔昇整體的戲劇性。有時，增加的情節放在曲文與曲文中間演出，也就是把曲牌拆成數個段落演唱，中間加演增益的情節。這種做法有助於朗現曲文的戲劇潛質，甚至還可以騁發旁異觀點。

「增益」之後，多了人文感性風情的點染添濟、歌舞百藝的遣運穿插，娛樂效能得到高度的展揚發揮；甚至還有複雜心性的尋繹省顧、另類顛覆的思維詮釋、思想觀點的多元呈現……。戲劇的內涵深度產生不同程度的深化與延伸。

第三章討論《綴白裘》的另有一種改編手法：「編創」，第一節先談編創劇情。《綴白裘》中梨園表演家增枝添葉、憑空結撰編創的崑腔折子有十三齣，根據本書的研究，它們與原作文本有擴充、補述、稼接三種關係。「擴充類」指的是保留原作的核心題旨，但是加入大段展現人情物理幽微的表演內容，有時也加入雜技百戲、說噱講唱等表演以添濟娛樂效能。「補述類」是利用劇作的內隱或外顯線索編創新劇情，展現歌舞場面、作表功夫、舞台調度或善惡有報的信念。這一類折子不但圓補了故事情節，也滿足了觀眾的審美心理。「稼接類」指的是原作劇情線暫時駐止，利用劇情駐止處為重構改鑄的背景，締造新的劇情。這一類折子全都由甘草小人物來演繹錯亂失序的浮世繪。

《綴白裘》大幅度編創的折子，在戲曲先天的審美基質及高度程式化的律則之上，遣運表演藝術，蔓生文本潛質，拓延劇作文本的深厚視景與另類視域，契接當代觀眾的價值期望與審美接受向度。

第三章第二節談編創下場式。下場式雖在一劇之末，但卻有如嵌入橫豎架構的插鞘，幫助榫與卯更加緊密。《綴白裘》的下場式從「劇情」、「人物」、「情境」、「交流」四方向編創。

從戲劇情節面向思考，可看出針對單一折子有「收篇作結」、「再次點題」兩類下場式。如果劇情的跨度較大，從串折、疊頭的角度

構思，則有「啟導下文」一類。「收篇作結」的作用在於收束本齣劇情，打上圓滿的句號。「再次點題」的作用是在劇末突出、應和本齣的題旨，使觀眾留下深刻印象。「啟導下文」的作用是製造懸念，引介後面的情節。

從人物塑造面向編創的下場式，《綴白裘》則有「人物自己表現開顯」、「旁人角度折射呈展」兩種做法，突顯人物的形象性格。

從情境氛圍面向編創的下場式，織造了特殊的氣氛，在劇末凝鑄深刻的印象。

從交流面向編創的下場式，則穿越後台和舞台畛域、連繫情節的推展和幕後編演的商酌構思，在演出的最後與觀眾交流。

修編與編創使得氍毹之上機動地展現人物形象的精製再造、情節高潮的營造敷演、詮釋重心的凝鑄開顯。二、三章說明具體的改編手法之後，接著第四章討論《綴白裘》的改編呈現的藝術效果。

其一，「咬合主題放大表現」，以實際的例證說明《綴白裘》改編後細緻精到地扣合衝突的性質、情節的發展，朗現劇作的情境氛圍、主題意涵與諷諭寄託。

其二，「塑造人物飽滿形象」，本書列舉例證，說明《綴白裘》的改編鎔鑄主觀情意，體現客觀事件環境，敷陳各角色豐妍、精緻、多樣的面貌，使舞台上的人物形象立體鮮活。

其三，「增添笑料勾發諧趣」，《綴白裘》常安排癡騃卑下人物勾發諧趣：有時暴露粗俗荒謬的言行；有時演出突兀失衡的違常情節；有時表現粗直不羈的性格缺失；有時展演鄙背不文的卑下醜態，讓觀眾在諧謔調笑中獲得審美的快感。

其四，「歌舞並作百藝俱陳」，《綴白裘》的調攝安排可以看出，梨園表演家擅長在劇情推進的同時，引介歌舞、雜技、雜耍等等表演藝術，開展耳目聲色之娛——這也是戲曲審美活動不可或缺、引人入勝的元素。

《綴白裘》的演出樣貌可視為當時庶民心理、審美態度的側記，討論完《綴白裘》崑腔折子戲改編的具體手法以及藝術效果後，本書第五章叩問乾隆中期崑劇品賞圈尊尚的審美觀劇態度，以及《綴白裘》在戲曲腳色演進史上的意義。

《綴白裘》首先反映出來的觀劇態度是「揄揚儀節」，種種儀節比劇作繁縟瑣細。其原因可能是受到戲曲「禮樂傳統」的影響，結合清代高度發達的蒙學教育，透過儀節展演寓教於樂。此外，《綴白裘》有些折子利用儀節的展演捻轉出高度的戲劇性，本書也詳細說明。

從《綴白裘》的改編還可以看出添注文化元素、展現人文風情的傾向，在演出的同時加入鋪排物名、串名衍義、算命卜卦、棋弈攻防、佳釀品類、酒令酒器等感性的文化元素，陶冶心性、感通情思。

《綴白裘》有許多折轉意義另提詮釋的改編，乃因選取非主情節線的折子作串本、疊頭演出，造成詮釋重心的位移。本書發現：折子戲的新詮釋並不是串了非主情節線的折子演出就自動成立，還要經過細緻的改編，才能推動主題位移。而之所以會有異於原作題旨的選取與改編，或許可視之為改編者的新詮釋與觀眾接受向度交融的結果。

《綴白裘》時代的藝人根據自己的專長與特質，選取各種人物的生命故事，展演多元的眾生面貌以吸引觀眾。劇作文本中的配角

及負面人物在折子戲有了展現特質、宣發心聲的廣綽空間。而，隱顯曲直、繽紛複雜的人性也緊隨捻出。

本書最後討論的是《綴白裘》反映的劇場規律，焦點放在角色行當。《綴白裘》時期崑劇的行當分工與劇作設定已經有所不同。劇作的應工配置是角色主次，而舞台演出則是人物的性格特色以及表演的技藝要求。由於梨園表演家的詳編精修，細膩了表演，開闢了腳色門類擴延的基礎。而新的門類產生之後，身段作表逐漸定型化，產生具有高度辨識性特色。《綴白裘》的改編反映戲曲行當「細緻—分化—定型」的規律。

以上是本書的研究結果，另有兩點必須補充說明。

首先，關於《綴白裘》的研究還有需要深化之處，因《綴白裘》有八成以上的崑腔折子改編自明清傳奇，必須再花時間，考察理繹傳奇此一體制劇種與崑腔此一聲腔劇種二而為一，既承接又轉折的細微內涵。其次，本書從改編的角度說明細膩的藝術加工促成腳色門類分化；新的腳色門類有其特殊的身段，並且漸漸趨向規範定型。然《綴白裘》是考察腳色行當孳乳分化的資料庫，應該還要利用它進一步針對戲曲行當體制走向成熟、健全的過程，做系統性的研究整理。

其次，關於《綴白裘》的研究也有可以延伸的向度，因《綴白裘》是崑腔折子戲藝術高度成熟的樣態，它傳遞的戲曲文化信息集中在乾隆中期。後續的研究可以進一步擴大時間參數，比較個別劇作、劇目在不同時代重構改鑄的變貌，掌握其旁搜遠紹的歷時性過程。這個方向的延伸，首先有助於考掘崑腔戲曲從質稚到豐瞻的藝術追尋軌蹤，其次有助於從「表演」與「接受」兩個層面探索劇作

家的創作、評論家的理論、觀眾的審美接受三股力道的交互作用，釐析劇作、劇目被拱衛出經典地位的綜合機制。

　　《綴白裘》有如崑劇折子戲傳統之拱心石，這篇論文僅僅只是針對它進行初步的開鑿，若要對崑腔戲曲文化的完整圖式有整全的掌握，還需進一步深化、延伸，這是筆者後續努力的方向。

　　綆短汲深，致使本書紕繆至夥，望該博君子不吝賜教斧正：ownyeeh@yahoo.com.tw，ownyeeh@gmail.com

# 附錄　《綴白裘》應工行當與劇作 （參考版本）差異表

| 劇名 | 人物 | 參考版本 | 綴白裘 |
|---|---|---|---|
| 慈悲愿・認子 | 唐僧母 | 夫人（未標行當） | 旦 |
| 爛柯山・相罵 | 玉天仙 | 旦兒 | 旦 |
| 長生殿・絮閣 | 永新 | 老旦 | 旦 |
| 繡襦記・墜鞭、入院 | 銀箏 | 小旦 | 旦 |
| 風箏誤・後親 | 三夫人柳氏 | 小旦 | 旦 |
| 十五貫・判斬 | 侯玉姑 | 小旦 | 旦 |
| 鐵冠圖・別母 | 周遇吉妻 | 小旦 | 旦 |
| 蝴蝶夢・搨墳 | 搨墳 | 小旦 | 旦 |
| 占花魁・雪塘 | 沈家媳婦 | 小旦 | 旦 |
| 翠屏山・反誑 | 迎兒 | 占（貼） | 旦 |
| 紅梨記・盤秋 | 錢濟之妻 | 貼 | 旦 |

| 劇名 | 人物 | 參考版本 | 綴白裘 |
|---|---|---|---|
| 荊釵記・舟會 | 錢玉蓮 | 旦（王狀元荊釵記） | 貼 |
| 浣紗記・採蓮 | 西施 | 旦 | 貼 |
| 玉簪記（全部） | 陳妙常 | 旦 | 貼 |
| 繡襦記（除剔目外） | 李亞仙 | 旦 | 貼 |
| 紅梨記（全部） | 謝素秋 | 旦 | 貼 |

| | | | |
|---|---|---|---|
| 西樓記（全部） | 穆素徽 | 旦 | 貼 |
| 獅吼記（全部） | 柳氏 | 旦 | 貼 |
| 占花魁（全部） | 王美娘 | 旦 | 貼 |
| 長生殿（全部） | 楊貴妃 | 旦 | 貼 |
| 蝴蝶夢（全部） | 田氏 | 旦 | 貼 |
| 紅梅記・算命 | 盧昭容 | 旦 | 貼 |
| 十五貫・判斬 | 蘇戍娟 | 旦 | 貼 |
| 十五貫・訪鼠測字 | 況鍾隨從 | 旦 | 貼 |
| 風雲會・送京 | 京娘 | 旦 | 貼 |
| 幽閨記・拜月 | 蔣瑞蓮 | 小旦 | 貼 |
| 白兔記・送子 | 劉智遠後妻 | 小旦 | 貼 |
| 連環記・賜環、拜月、小宴、大宴 | 貂蟬 | 小旦 | 貼 |
| 繡襦記・扶頭 | 銀箏 | 小旦 | 貼 |
| 鐵冠圖・守門 | 費貞娥 | 小旦 | 貼 |
| 義俠記（全部） | 潘金蓮 | 小旦 | 貼 |
| 鐵冠圖・別母 | 周遇吉子 | 小旦 | 貼 |
| 釵釧記・相約、相罵 | 芸香 | 小旦 | 貼 |
| 一捧雪・搜杯、審頭 | 雪艷 | 小旦 | 貼 |
| 水滸記（全部） | 閻婆惜 | 小旦 | 貼 |
| 漁家樂（全部） | 鄔飛霞 | 小旦 | 貼 |
| 永團圓（全部） | 次女蕙芳 | 小旦 | 貼 |
| 衣珠記・私囑、堂會 | 荷珠 | 小旦 | 貼 |
| 療妒羹・題曲 | 小青 | 小旦 | 貼 |
| 麒麟閣・激秦 | 張紫烟 | 張紫烟（未標行當） | 貼 |

| 翠屏山・反誆 | 潘巧雲 | 正旦 | 貼 |
|---|---|---|---|
| 琵琶記・規奴 | 惜春 | 丑 | 貼 |
| 躍鯉記・看穀 | 安安 | 外 | 貼 |
| 浣紗記・寄子 | 伍子 | 小末 | 貼 |
| 雙珠記・月下 | 王九齡 | 小生 | 貼 |
| 尋親記（全部） | 周瑞隆 | 小生 | 貼 |
| 八義記・觀畫 | 趙孤 | 小生 | 貼 |

| 劇名 | 人物 | 參考版本 | 綴白裘 |
|---|---|---|---|
| 風箏誤・後親 | 詹淑娟 | 旦 | 小旦 |
| 金鎖記・私祭 | 竇娥 | 旦 | 小旦 |
| 浣紗記・前訪 | 西施 | 旦 | 小旦 |
| 劇名 | 人物 | 參考版本 | 綴白裘 |
| 琵琶記・規奴 | 牛小姐 | 貼 | 小旦 |

| 劇名 | 人物 | 參考版本 | 綴白裘 |
|---|---|---|---|
| 北詐瘋 | 尉遲妻 | 旦 | 老旦 |
| 荊釵記 | 王十朋母 | 占（貼） | 老旦 |
| 繡襦記（全部） | 李大媽 | 貼 | 老旦 |
| 牡丹亭・弔打 | 太監 | 雜（馮本） | 老旦 |
| 邯鄲夢・法場 | 高力士 | 高力士（未標行當） | 老旦 |

| 劇名 | 人物 | 參考版本 | 綴白裘 |
|---|---|---|---|
| 昊天塔・會兄 | 楊延昭 | 楊景（未標行當） | 生 |

| 麒麟閣·激秦、三擋 | 秦瓊 | 秦瓊（未標行當） | 生 |
|---|---|---|---|
| 風雲會·訪普 | 趙匡胤 | 正末 | 生 |
| 牡丹亭·學堂 | 陳最良 | 末<br>（湯本、馮本） | 生 |
| 琵琶記（全部） | 張廣才 | 末 | 生 |
| 長生殿·彈詞 | 李龜年 | 末 | 生 |
| 荊釵記（全部） | 許將仕 | 末 | 生 |
| 幽閨記·上山 | 陀滿興福 | 小生 | 生 |
| 八義記·盜孤 | 韓厥 | 小生 | 生 |
| 八義記·撲犬 | 提彌明 | 小生 | 生 |
| 鐵冠圖·別母、亂箭 | 周遇吉 | 小生 | 生 |
| 衣珠記·墮冰 | 金波龍神 | 小生 | 生 |
| 黨人碑（全部） | 傅人龍 | 小生 | 生 |
| 滿床笏·笏圓 | 郭子儀七子、一孫 | 雜 | 生 |
| 紅梨記·盤秋 | 錢濟之 | 外 | 生 |
| 長生殿·酒樓 | 郭子儀 | 外 | 生 |

| 劇名 | 人物 | 參考版本 | 綴白裘 |
|---|---|---|---|
| 三國志·刀會 | 關平 | 關平<br>（未標行當） | 小生 |
| 慈悲愿·認子 | 唐僧 | 唐僧（未標行當） | 小生 |
| 西川圖·蘆花蕩 | 周瑜 | 周<br>（未標行當） | 小生 |
| 邯鄲夢·（全部） | 呂洞賓 | 扮呂仙<br>（未標行當） | 小生 |
| 麒麟閣·三擋 | 上官儀 | 上官儀<br>（未標行當） | 小生 |

| 千金記・撇斗 | 張良 | 張良（未標行當） | 小生 |
|---|---|---|---|
| 荊釵記（全部） | 王十朋 | 生 | 小生 |
| 幽閨記（全部） | 蔣瑞隆 | 生 | 小生 |
| 西廂記（全部） | 張生 | 生 | 小生 |
| 浣紗記（全部） | 范蠡 | 生 | 小生 |
| 牡丹亭（全部） | 柳夢梅 | 生 | 小生 |
| 義俠記（全部） | 武松 | 生 | 小生 |
| 玉簪記（全部） | 潘必正 | 生 | 小生 |
| 紅梨記（全部） | 趙汝舟 | 生 | 小生 |
| 鮫綃記（全部） | 魏畢簡 | 生 | 小生 |
| 風箏誤（全部） | 韓琦仲 | 生 | 小生 |
| 永團圓（全部） | 蔡文英 | 生 | 小生 |
| 獅吼記（全部） | 陳慥 | 生 | 小生 |
| 西樓記（全部） | 于叔夜 | 生 | 小生 |
| 黨人碑（全部） | 謝瓊仙 | 生 | 小生 |
| 衣珠記（全部） | 趙旭 | 生 | 小生 |
| 占花魁（全部） | 秦鍾 | 生 | 小生 |
| 金雀記・喬醋 | 潘安 | 生 | 小生 |
| 葛衣記・走雪 | 任西華 | 生 | 小生 |
| 長生殿（除定情外） | 唐玄宗 | 生 | 小生 |
| 雷峰塔・水漫、斷橋 | 許仙 | 生 | 小生 |
| 牡丹亭・勸農 | 縣吏 | 丑 | 小生 |
| 雙珠記・捨身 | 玄天上帝 | 小外 | 小生 |
| 雙珠記・月下 | 陳時策 | 小外 | 小生 |
| 雙珠記・送學 | 林大人 | 外 | 小生 |

| 鳴鳳記・辭閣、 | 曾銑 | 末 | 小生 |
|---|---|---|---|
| 鳴鳳記（全部） | 易弘器 | 副末 | 小生 |
| 宵光劍・相面 | 公孫敖 | 末 | 小生 |

| 劇目 | 人物 | 參考版本 | 綴白裘 |
|---|---|---|---|
| 三國志・訓子、刀會 | 關羽 | 正末 | 淨 |
| 爛柯山・寄信 | 張別古 | 正末 | 淨 |
| 昊天塔・會兄 | 楊五郎 | 正末 | 淨 |
| 西川圖・蘆花蕩 | 張飛 | 張飛<br>（未標行當） | 淨 |
| 北詐瘋 | 尉遲恭 | 尉<br>（未標行當） | 淨 |
| 麒麟閣・揚兵 | 尉遲恭 | 尉<br>（未標行當） | 淨 |
| 西廂記（北） | 惠明 | 惠明<br>（未標行當） | 淨 |
| 繡襦記・樂驛 | 驛子 | 末 | 淨 |
| 義俠記・捉奸 | 軍阝哥 | 小丑 | 淨 |
| 紅梅記・算命 | 算命仙 | 丑 | 淨 |
| 水滸記・劉唐 | 劉唐 | 丑 | 淨 |
| 紅梨記・賞燈 | 王黼 | 小淨 | 淨 |
| 西樓・拆書 | 趙伯將 | 小淨 | 淨 |
| 蝴蝶夢・說親、回話 | 蒼頭 | 中淨 | 淨 |
| 白羅衫・賀喜 | 徐能 | 付 | 淨 |
| 宵光劍（全部） | 鐵勒奴 | 外 | 淨 |

| 劇名 | 人物 | 參考版本 | 綴白裘 |
|---|---|---|---|
| 獅吼記・跪池 | 蘇東坡 | 小生 | 外 |

| 盤陀山・拜香 | 澹臺勉 | 生 | 外 |
| --- | --- | --- | --- |
| 爛柯山・寄信、相罵 | 劉二公 | 劉二公<br>（未標行當） | 外 |
| 北詐瘋 | 徐勛 | 徐<br>（未標行當） | 外 |
| 西廂記・惠明 | 長老 | 末 | 外 |
| 金印記・投井 | 蘇秦叔父 | 末 | 外 |
| 宵光劍・相面 | 相士 | 小生 | 外 |

| 劇名 | 人物 | 參考版本 | 綴白裘 |
| --- | --- | --- | --- |
| 麒麟閣・三擋 | 楊林 | 楊林<br>（未標行當） | 末 |
| 風雲會・訪普 | 趙普<br>（未標行當） | 趙普 | 末 |
| 風箏誤・逼婚 | 戚輔臣 | 小生 | 末 |
| 牡丹亭・弔打 | 苗舜賓 | 淨<br>（湯本） | 末 |
| 牡丹亭・弔打 | 苗舜賓 | 小生<br>（馮本） | 末 |
| 翠屏山・反誑 | 楊雄 | 生 | 末 |
| 昊天塔・會兄 | 長老 | 外 | 末 |
| 鮫綃記・草相 | 單慶 | 丑 | 末 |
| 精忠記・掃秦 | 長老 | 丑 | 末 |
| 鐵冠圖・觀圖 | 通積庫庫神 | 雜 | 末 |

| 劇名 | 人物 | 參考版本 | 綴白裘 |
| --- | --- | --- | --- |
| 荊釵記・男舟 | 鄧興 | 丑 | 付 |

| | | | |
|---|---|---|---|
| 鮫綃記‧寫狀 | 賈主文 | 丑 | 付 |
| 雙珠記（全部） | 李克成 | 丑 | 付 |
| 鳴鳳記‧辭閣 | 趙文華 | 丑 | 付 |
| 鳴鳳記‧放易 | 彭孔 | 丑 | 付 |
| 八義記‧遣鉏 | 鉏麑 | 丑 | 付 |
| 八義記‧嚇癡、翳桑 | 靈輒 | 丑 | 付 |
| 宵光劍‧相面 | 魏明 | 丑 | 付 |
| 雷峰塔‧水漫 | 金山寺監寺 | 丑 | 付 |
| 麒麟閣‧三擋 | 賀芳 | 賀芳（未標行當） | 付 |
| 琵琶記（全部） | 蔡婆 | 淨 | 付 |
| 荊釵記（全部） | 錢繼母 | 淨 | 付 |
| 金雀記‧喬醋 | 瑤琴 | 淨 | 付 |
| 水滸記（全部） | 張文遠 | 淨 | 付 |
| 義俠記（全部） | 西門慶 | 淨 | 付 |
| 繡襦記（全部） | 樂道德 | 淨 | 付 |
| 西廂記‧遊殿 | 法聰 | 淨 | 付 |
| 尋親記‧殺德 | 黃德 | 淨 | 付 |
| 白羅衫‧賀喜 | 馬大 | 淨 | 付 |
| 尋親記、府場 | 禁子 | 末 | 付 |
| 千金記‧拜將 | 內使周昌 | 末 | 付 |
| 紅梨記‧北醉隸 | 許仰川 | 雜 | 付 |

| 劇名 | 人物 | 參考版本 | 綴白裘 |
|---|---|---|---|
| 荊釵記‧男舟 | 驛丞 | 末 | 丑 |
| 尋親記‧茶坊 | 茶博士 | 末 | 丑 |

| 雙珠記・賣子 | 王安 | 末 | 丑 |
|---|---|---|---|
| 鳴鳳記（全部） | 嚴世蕃 | 副淨 | 丑 |
| 義俠記（全部） | 武大郎 | 小丑 | 丑 |
| 連環記・問探 | 報子 | 報子<br>（未標行當） | 丑 |
| 麒麟閣・三擋 | 程咬金 | 程咬金<br>（未標行當） | 丑 |
| 精忠記・掃秦 | 瘋僧 | 正末<br>（東窗事犯）<br>風<br>（精忠記） | 丑 |
| 祝髮記・做親 | 孔景行 | 淨 | 丑 |
| 尋親記・出罪 | 主簿 | 淨 | 丑 |
| 清忠譜・鞭差 | 吳縣青帶 | 貼 | 丑 |

# 參考書目

## 一、劇作（依編撰者姓名筆劃排序）：

王季思主編：《全元戲曲》（北京：北京人民文學出版社，1999 年 2 月）

王玉峰：《釵釧記》（台北：天一出版社，不著出版年）

王濟撰、張樹英點校：《連環記》（北京：中華書局，1988 年 12 月）

毛晉編：《六十種曲》（台北：台灣開明書店，1970 年 6 月）

方成培：《雷峰塔》（上海：上海古籍出版社出版，1995 年），續修四庫全書

丘園撰、張樹英點校：《黨人碑》（北京：中華書局，1988 年 12 月）

朱素臣：《十五貫》（台北：天一出版社，1996 年）

朱素臣撰、王永寬點較：《翡翠園》（北京：中華書局，1988 年 11 月）

朱朝佐：《九蓮燈》，《古本戲曲叢刊五集》影印發行（不著出版資料）

朱朝佐：《漁家樂》，台北國立故宮博物院圖書館藏微片

朱朝佐：《艷雲亭》（台北：天一出版社，不著出版年）

李玉：《李玉戲曲集》（上海：上海古籍出版社，2004 年 12 月）

吳世美：《驚鴻記》（台北：天一出版社，不著出版年）

佚名：《衣珠記》（台北：天一出版社，不著出版年）

佚名：《牧羊記》（台北：天一出版社，不著出版年）

佚名：《草廬記》（台北：天一出版社，不著出版年）

佚名：《黃孝子尋親記》（台北：天一出版社，不著出版年）

佚名：《羅衫記》（台北：天一出版社，不著出版年）

佚名：《盤陀山》，《古本戲曲叢刊五集》影印發行（不著出版資料）

佚名撰、孫崇濤點校：《金印記》（北京：中華書局，1988 年 11 月）

沈自晉：《望湖亭》（台北：天一出版社，不著出版年）

沈自晉：《翠屏山》（台北：天一出版社，不著出版年）

吳炳：《療妬羹記》（台北：天一出版社，不著出版年）

汪庭訥：《獅吼記》（台北：天一出版社，不著出版年）

李逢時編：《四大癡傳奇》，台北國立故宮博物院圖書館藏微片

李漁：《李漁全集之笠翁傳奇十種》（浙江：古籍出版社，1987 年）

沈鯨：《鮫綃記》（台北：天一出版社，不著出版年）

沈鯨：《鮫綃記傳奇》，收於北京大學圖書館編：不登大雅文庫珍本戲曲叢
　　刊（北京：學苑出版社，2003 年）

范希哲：《偷甲記》（台北：天一出版社，不著出版年）

范希哲：《十醋記》，《古本戲曲叢刊五集》影印發行（不著出版資料）

周祥鈺等撰：《忠義璇圖》（台北：天一出版社，1986 年）

周朝俊：《紅梅記》（台北：天一出版社，不著出版年）

青溪菰蘆釣叟編：《醉怡情》，收於王秋桂主編《善本戲曲叢刊第四輯》
　　（台北：台灣學生書局，1984 年）

洪昇撰、樓含松　江興祐校注：《長生殿》（台北：三民書局，2003 年
　　5 月）

袁于令撰、李復波點校：《金鎖記》（北京：中華書局，2001 年 11 月）

高明：《琵琶記》（台北：天一出版社，不著出版年）

徐復祚：《宵光記》（台北：天一出版社，不著出版年）

陳二白：《雙官誥》（台北：天一出版社，1996 年）

張大復：《醉菩提》（台北：天一出版社，1996 年）

張大復：《如是觀》（台北：天一出版社，1996 年）

張照：《昇平寶筏》（台北：天一出版社，1986 年）

張鳳翼：《孝義祝髮記》（台北：天一出版社，不著出版年）

陳羆齋：《姜詩躍鯉記》（台北：天一出版社，不著出版年）

馮夢龍：《墨憨齋重訂三親會風流夢》（台北：天一出版社，不著出版年）

湯顯祖：《邯鄲夢》（台北：天一出版社，不著出版年）

溫泉子編集：《新刻原本王狀元荊釵記》（台北：天一出版社，不著出版年）

鄭之珍：《目蓮救母勸善戲文》（台北：天一出版社，不著出版年）

鄭國軒：《劉漢卿白蛇記》（台北：天一出版社，不著出版年）

遺民外史：《虎口餘生》，《古本戲曲叢刊五集》影印發行（不著出版資料）

錢德蒼編：《綴白裘》（乾隆四十二年鴻文堂本全十二集、乾隆二十九年寶仁堂本初集），收於王秋桂主編《善本戲曲叢刊第五輯》（台北：台灣學生書局，1984 年）

錢德蒼編、汪協如點校：《綴白裘》（北京：中華書局出版社，2005年 9 月）

顧大典：《葛衣記》，《古本戲曲叢刊五集》影印發行（不著出版資料）

## 二、劇目、曲譜、工具書（依出版日期排序）：

趙公尚編：《中藥大辭典》（台北：新文豐出版公司，1977 年 12 月）

莊一拂：《古典戲曲存目彙考》（台北：木鐸出版社，1986 年）

蔡毅：《中國古典戲曲序跋彙編》（山東：齊魯書社，1989 年 12 月）

吳梅：《南北詞簡譜》（台北：學海出版社，1997 年）

李修生主編：《古本戲曲劇目提要》（北京：文化藝術出版，1997 年）

郭英德：《明清傳奇綜錄》（河北：河北教育出版社，1997 年 7 月）

王奕清編：《康熙曲譜》（長沙：岳麓書社，2000 年 10 月）

余漢東編著：《中國戲曲表演藝術辭典》（台北：國家出版社，2001年 10 月）

洪惟助主編：《崑曲辭典》（台灣宜蘭：國立傳統藝術中心出版，2002年 5 月）

吳新雷主編：《中國崑劇大辭典》（南京：南京大學出版社，2002 年 5 月）

## 三、戲曲研究、文學研究論著（依出版日期排序）：

燕南芝菴：《唱論》，《中國古典戲曲論著集成》冊（一），（北京：中國戲劇出版社，1959年），

周德清：《中原音韻》，《中國古典戲曲論著集成》冊（一），（北京：中國戲劇出版社，1959年）

夏庭芝：《青樓集》，《中國古典戲曲論著集成》冊（二），（北京：中國戲劇出版社，1959年）

鍾嗣成：《錄鬼簿》，《中國古典戲曲論著集成》冊（二），（北京：中國戲劇出版社，1959年）

賈仲明：《錄鬼簿續編》，《中國古典戲曲論著集成》冊（二），（北京：中國戲劇出版社，1959年）

徐渭：《南詞敘錄》，《中國古典戲曲論著集成》冊（三），（北京：中國戲劇出版社，1959年）

何良俊：《曲論》，《中國古典戲曲論著集成》冊（四），（北京：中國戲劇出版社，1959年）

王世貞：《曲藻》，《中國古典戲曲論著集成》冊（四），（北京：中國戲劇出版社，1959年）

王驥德：《曲律》，《中國古典戲曲論著集成》冊（四），（北京：中國戲劇出版社，1959年）

魏良輔：《曲律》，《中國古典戲曲論著集成》冊（五），（北京：中國戲劇出版社，1959年）

祁彪佳：《遠山堂曲品》，《中國古典戲曲論著集成》冊（六），（北京：中國戲劇出版社，1959年）

祁彪佳：《遠山堂劇品》，《中國古典戲曲論著集成》冊（六），（北京：中國戲劇出版社，1959年）

呂天成：《曲品》，《中國古典戲曲論著集成》冊（六），（北京：中國戲劇出版社，1959年）

高奕：《新傳奇品》，《中國古典戲曲論著集成》冊（六），（北京：中國戲
　　劇出版社，1959 年）

李漁：《閒情偶寄》，《中國古典戲曲論著集成》冊（七），（北京：中國戲
　　劇出版社，1959 年）

李斗：《揚州畫舫錄》（台北：世界書局，1963 年 5 月）

張敬：《明清傳奇導論》（台北：華正書局，1986 年 10 月）

王安祈：《明代傳奇之劇場及其藝術》（台北：台灣學生書局，1986 年）

汪詩佩：《乾隆時期崑劇藝人在表演藝術上因應之探討》（台北縣：學海
　　出版社，1990 年 3 月）

王安祈：《明代戲曲五論》（台北：里仁書局，1990 年 5 月）

郭英德：《明清文人傳奇研究》（台北：文津出版社，1992 年 1 月）

葉長海：《中國戲劇學史》（台北縣板橋：駱駝出版社，1993 年 11 月）

赫魯伯（Holub, Robert C.）著、董之林譯：《接受美學理論》（台北縣板
　　橋：駱駝出版社，1994 年）

弗洛恩德（Freund, Elizabeth）著、陳燕谷譯：《讀者反應理論批評》（台
　　北縣板橋：駱駝出版社，1994 年）

鄭傳寅：《中國戲曲文化概論》（台北：志一出版社，1995 年 4 月）

林鋒雄：《中國戲劇史論稿》（台北：國家出版社，1995 年 7 月）

金元甫：《接受反應文論》（濟南：山東教育出版社，1998 年）

斯坦利・費什著（Stanley E. Fish）、文楚安譯：《讀者反應批評——理論與
　　實踐》（北京：中國社會科學出版社，1998 年）

李惠綿：《元明清戲曲搬演論研究》（台北：文史哲出版社，1998 年
　　12 月）

許子漢：《明傳奇排場三要素發展歷程之研究》（台北：國立台灣大學出版
　　委員會，1999 年）

孫崇濤、黃仕忠：《風月錦囊箋校》（北京：中華書局，2000 年 8 月）

童慶炳：《文學活動的審美維度》（北京：高等教育出版社，2001 年）

郭英德：《明清傳奇史》（江蘇：江蘇古籍出版社，2001 年 5 月）

曾永義：《中國古典戲劇的認識與欣賞》（台北：正中書局，2002 年 10 月）

李建盛著：《理解事件與文本意義：文學詮釋學》（上海：上海譯文出版社，2002 年）

陳芳：《清代戲曲研究五題》（台北：里仁書局，2002 年 3 月）

羅麗容：《清人戲曲序跋研究》（台北：里仁書局，2002 年 8 月）

陸萼庭：《崑劇演出史稿修定本》（台北：國家出版社，2002 年 12 月）

廖奔、劉彥君：《中國戲曲發展史》（山西：山西教育出版社，2003 年 4 月）

林鶴宜：《明清戲曲學辨疑》（台北：里仁書局，2004 年 2 月）

高友工：《中國美典與文學研究》（台北：台灣大學出版中心，2004 年 3 月）

臺灣大學戲劇學系編：《兩岸戲曲編劇學術研討會論文集》（台北：國立臺灣大學戲劇學系，2004 年）

周育德：《崑曲與明清社會》（瀋陽：春風文藝出版社，2005 年 2 月）

王廷信：《崑曲與民俗文化》（瀋陽：春風文藝出版社，2005 年 2 月）

劉禎、謝雍君：《崑曲與文人文化》（瀋陽：春風文藝出版社，2005 年 2 月）

宋波：《崑曲的傳播流布》（瀋陽：春風文藝出版社，2005 年 2 月）

陸萼庭：《清代戲曲與崑劇》（台北：國家出版社，2005 年 6 月）

吳毓華：《戲曲美學論》（台北：國家出版社，2005 年 10 月）

譚帆、陸煒：《中國古典戲劇理論史》（上海：華東師範大學出版社，2005 年 12 月）

王璦玲：《晚明清初戲曲之審美構思與其藝術呈現》（台北市：中央研究院中國文哲研究所，2005 年 12 月）

華瑋主編：《湯顯祖與牡丹亭》（台北市：中央研究院中國文哲研究所，2005 年 12 月）

王永健:《崑腔傳奇與南雜劇》(台北:國家出版社,2006 年 1 月)

顧建光、顧靜宇、張樂天:《審美經驗與文學解釋學》(上海:上海譯文出版社,2006 年 4 月)

張庚、郭漢城:《中國戲曲通史》(北京:中國戲劇出版社,2006 年 9 月)

蔡孟珍:《曲韻與舞台唱唸》(台北:台灣學生書局,2008 年 3 月)

## 四、博碩士學位論文(依發表日期排序):

古嘉齡:《江湖十二角色之探索》(國立政治大學中國文學研究所碩士論文,1998 年 7 月)

羅中峰:《中國傳統文人審美生活方式之研究》(國立台灣大學社會研究所博士論文,1998 年 7 月)

張心楷:《明清時代蒙學施教所啟導之文化典範與處世智能》(國立台灣師範大學歷史研究所碩士論文,1999 年)

陳凱莘:《崑劇牡丹亭舞台藝術演進之探討》(國立台灣大學戲劇研究所碩士論文,1999 年 6 月)

楊晉綺:《晚明文化論述中「倫理」與「審美」論題之交涉及審美意識之開展》(國立台灣師範大學國文研究所博士論文,2006 年 1 月)

## 五、單篇論文(依發表日期排序):

吳新雷:〈《綴白裘》的來龍去脈〉,《南京大學學報》1983 年第 3 期

徐扶明:〈折子戲簡論〉,《戲曲藝術》1989 年第 2 期

周鞏平:〈談《綴白裘》的副末開場〉,《藝術百家》1997 年第 2 期

吳敢:〈《綴白裘》敘考〉,《中國礦業大學學報社會科學版》創刊號(1999 年 10 月)

吳敢：〈《綴白裘》敘考〉（上），《徐州教育學院學報》第 15 卷第 4 期（2000年 12 月）

吳敢：〈《綴白裘》敘考〉（續），《徐州教育學院學報》第 16 卷第 1 期（2001年 3 月）

李玫：〈清代時劇《羅和作夢》正源〉，《文學遺產》2005 年第 1 期

曾永義：〈論說「折子戲」〉，《戲劇研究》（中央研究院中國文哲所），2008年 1 月創刊號

## 六、其他（依出版日期排序）：

錢熙祚校：《慎子》（台北：世界書局，1956 年）

梁章鉅：《浪跡叢談》（北京：中華書局，1981 年）

國家圖書館出版品預行編目

錦上再添花：《綴白裘》崑腔折子戲的改編
研究 / 黃婉儀著. -- 一版. -- 臺北市：秀
威資訊科技, 2010.02
　面；　公分. -- (語言文學類；AG0124)
BOD 版
參考書目：面
ISBN 978-986-221-369-8 (平裝)

1.崑劇　2.崑曲

523.36　　　　　　　　　　　95011262

語言文學類　AG0124

# 錦上再添花
## ——《綴白裘》崑腔折子戲的改編研究

作　　者 / 黃婉儀
發 行 人 / 宋政坤
執行編輯 / 林泰宏
圖文排版 / 鮑婉琳
封面設計 / 陳佩蓉
數位轉譯 / 徐真玉　沈裕閔
圖書銷售 / 林怡君
法律顧問 / 毛國樑　律師
出版印製 / 秀威資訊科技股份有限公司
　　　　　台北市內湖區瑞光路 583 巷 25 號 1 樓
　　　　　電話：02-2657-9211　　　傳真：02-2657-9106
　　　　　E-mail：service@showwe.com.tw
經 銷 商 / 紅螞蟻圖書有限公司
　　　　　台北市內湖區舊宗路二段 121 巷 28、32 號 4 樓
　　　　　電話：02-2795-3656　　　傳真：02-2795-4100
　　　　　http://www.e-redant.com

2010 年 2 月 BOD 一版
定價：300 元

・請尊重著作權・
Copyright©2010 by Showwe Information Co.,Ltd.

# 讀 者 回 函 卡

感謝您購買本書，為提升服務品質，煩請填寫以下問卷，收到您的寶貴意見後，我們會仔細收藏記錄並回贈紀念品，謝謝！

1. 您購買的書名：＿＿＿＿＿＿＿＿＿＿＿＿＿＿＿＿＿＿

2. 您從何得知本書的消息？

　　□網路書店　　□部落格　　□資料庫搜尋　　□書訊　　□電子報　　□書店

　　□平面媒體　　□ 朋友推薦　　□網站推薦　□其他＿＿＿＿＿＿

3. 您對本書的評價：(請填代號　1.非常滿意 2.滿意 3.尚可 4.再改進)

　　封面設計＿＿＿　版面編排＿＿＿　內容＿＿＿　文/譯筆＿＿＿　價格＿＿＿

4. 讀完書後您覺得：

　　□很有收獲　　□有收獲　　□收獲不多　　□沒收獲

5. 您會推薦本書給朋友嗎？

　　□會　□不會，為什麼？＿＿＿＿＿＿＿＿＿＿＿＿＿＿＿＿＿＿＿

6. 其他寶貴的意見：＿＿＿＿＿＿＿＿＿＿＿＿＿＿＿＿＿＿＿

＿＿＿＿＿＿＿＿＿＿＿＿＿＿＿＿＿＿＿＿＿＿＿＿＿＿＿＿＿＿

＿＿＿＿＿＿＿＿＿＿＿＿＿＿＿＿＿＿＿＿＿＿＿＿＿＿＿＿＿＿

＿＿＿＿＿＿＿＿＿＿＿＿＿＿＿＿＿＿＿＿＿＿＿＿＿＿＿＿＿＿

## 讀者基本資料

姓名：＿＿＿＿＿＿＿＿＿＿　年齡：＿＿＿＿　性別：□女 □男

聯絡電話：＿＿＿＿＿＿＿＿　E-mail：＿＿＿＿＿＿＿＿＿＿

地址：＿＿＿＿＿＿＿＿＿＿＿＿＿＿＿＿＿＿＿＿＿＿＿＿＿＿

學歷：□高中(含)以下　　□高中　　□專科學校　　□大學

　　　□研究所(含)以上 □其他＿＿＿＿＿＿＿＿＿

職業：□製造業 □金融業 □資訊業 □軍警 □傳播業 □自由業

　　　□服務業 □公務員 □教職　□學生 □其他＿＿＿＿＿＿

請貼
郵票

To：114

　台北市內湖區瑞光路 583 巷 25 號 1 樓

　秀威資訊科技股份有限公司　　　收


寄件人姓名：

寄件人地址：□□□

------------------------------------------------

(請沿線對摺寄回,謝謝!)

## 秀威與 BOD

BOD（Books On Demand）是數位出版的大趨勢，秀威資訊率先運用 POD 數位印刷設備來生產書籍，並提供作者全程數位出版服務，致使書籍產銷零庫存，知識傳承不絕版，目前已開闢以下書系：

一、BOD 學術著作—專業論述的閱讀延伸
二、BOD 個人著作—分享生命的心路歷程
三、BOD 旅遊著作—個人深度旅遊文學創作
四、BOD 大陸學者—大陸專業學者學術出版
五、POD 獨家經銷—數位產製的代發行書籍

BOD 秀威網路書店：www.showwe.com.tw
政府出版品網路書店：www.govbooks.com.tw

　　永不絕版的故事・自己寫・永不休止的音符・自己唱